本書の特長と使い方

本書は，各単元の最重要ポイントを確認し，基本的な問題を何度も繰り返して解くことを通して，中学理科の基礎を徹底的に固めることを目的として作られた問題集です。

1単元2ページの構成です。

JN001069

ボクの一言ポイントにも注目だよ！

すうけん太郎

① ✓

それ～めています。○○○○があり，ての単元で覚えておくべきポイントを挙げています。

ここから解説動画が見られます。くわしくは2ページへ

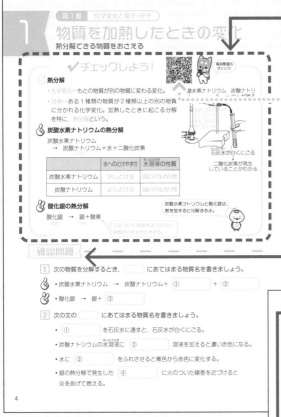

確認問題

✓チェックしよう！を覚えられたか，確認する問題です。

☝などでまとめているポイントごとに確認することができます。

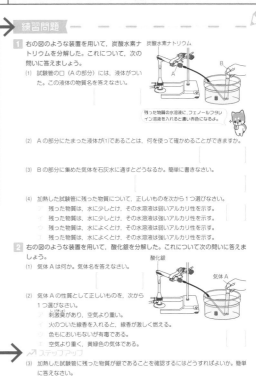

③

練習問題

いろいろなパターンで練習する問題です。つまずいたら，✓チェックしよう！や 確認問題 に戻ろう！

ヒントを出したり，解説したりするよ！

かっぱ

④

ステップアップ

少し発展的な問題です。

ここから重要知識を一問一答形式で確認できます。くわしくは2ページへ

使い方はカンタン！ ITC コンテンツを活用しよう！

本書には，QRコードを読み取るだけで利用できる ICT コンテンツが充実しています 。

▶ 解説動画を見よう

① 各ページの QR コードを読み取る

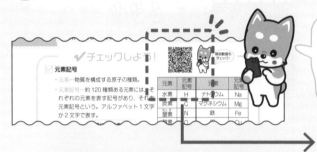

チェックしよう！

元素記号
・元素…物質を構成する原子の種類。
・元素記号…約 120 種類ある元素には，それぞれの元素を表す記号があり，それ元素記号という。アルファベット 1 文字か 2 文字で表す。

スマホでもタブレットでもOK！
PCからは下のURLからアクセスできるよ。

https://cds.chart.co.jp/books/ra69bfiu7c/sublist/001#2!

動画はフルカラーで理解しやすい内容になっています。

② 動画を見る！

速度調節や全画面表示もできます

スマホでサクッとチェック 一問一答で知識の整理

下のQRコードから，重要知識をクイズ形式で確認できます。

1回10問だから，
スキマ時間に
サクッと取り組める！

PCから https://cds.chart.co.jp/books/ra69bfiu7c/sublist/036#037

便利な使い方

ICTコンテンツが利用できるページをスマホなどのホーム画面に追加することで，毎回 QR コードを読みこまなくても起動できるようになります。くわしくは QRコードを読み取り，左上のメニューバー「≡」▶「ヘルプ」▶「便利な使い方」をご覧ください。

目次

1 物質を加熱したときの変化

熱分解できる物質をおさえる

✔ **チェックしよう！**

解説動画もチェック！

 熱分解

・化学変化…もとの物質が別の物質に変わる変化。

・分解…ある1種類の物質が2種類以上の別の物質に分かれる化学変化。加熱したときに起こる分解を特に，熱分解という。

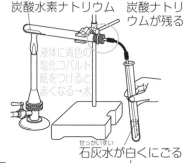

炭酸水素ナトリウム　炭酸ナトリウムが残る

液体に青色の塩化コバルト紙をつけると赤くなる→水

石灰水が白くにごる

二酸化炭素が発生していることがわかる

炭酸水素ナトリウムの熱分解

炭酸水素ナトリウム
→　炭酸ナトリウム＋水＋二酸化炭素
（白色）

	水へのとけやすさ	水溶液の性質
炭酸水素ナトリウム	少しとける	弱いアルカリ性
炭酸ナトリウム	よくとける	強いアルカリ性

酸化銀の熱分解

炭酸水素ナトリウムと酸化銀は，熱を加えると分解するよ。

酸化銀　→　銀＋酸素
（黒色）（白色）

火のついた線香を近づけると，線香が炎を上げて燃える。

確認問題

1 次の物質を分解するとき，[　] にあてはまる物質名を書きましょう。

・炭酸水素ナトリウム　→　炭酸ナトリウム＋ ① [　] ＋ ② [　]

・酸化銀　→　銀＋ ③ [　]

2 次の文の [　] にあてはまる物質名を書きましょう。

・① [　] を石灰水に通すと，石灰水が白くにごる。

・炭酸ナトリウムの水溶液に ② [　] 溶液を加えると濃い赤色になる。

・水に ③ [　] をふれさせると青色から赤色に変化する。

・銀の熱分解で発生した ④ [　] に火のついた線香を近づけると
炎をあげて燃える。

1　右の図のような装置を用いて，炭酸水素ナトリウムを分解した。これについて，次の問いに答えましょう。

炭酸水素ナトリウム

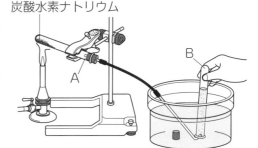

(1)　試験管の口（Ａの部分）には，液体がついた。この液体の物質名を答えなさい。

[　　　　]

残った物質の水溶液に，フェノールフタレイン溶液を入れると濃い赤色になるよ。

(2)　Ａの部分にたまった液体が(1)であることは，何を使って確かめることができますか。

[　　　　]

(3)　Ｂの部分に集めた気体を石灰水に通すとどうなるか。簡単に書きなさい。

[　　　　]

(4)　加熱した試験管に残った物質について，正しいものを次から１つ選びなさい。
ア　残った物質は，水に少しとけ，その水溶液は弱いアルカリ性を示す。
イ　残った物質は，水に少しとけ，その水溶液は強いアルカリ性を示す。
ウ　残った物質は，水によくとけ，その水溶液は弱いアルカリ性を示す。
エ　残った物質は，水によくとけ，その水溶液は強いアルカリ性を示す。

[　　　　]

2　右の図のような装置を用いて，酸化銀を分解した。これについて次の問いに答えましょう。

酸化銀

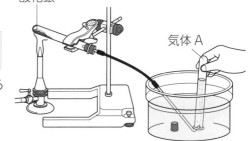

気体Ａ

(1)　気体Ａは何か。気体名を答えなさい。

[　　　　]

(2)　気体Ａの性質として正しいものを，次から１つ選びなさい。
ア　刺激臭があり，空気より重い。
イ　火のついた線香を入れると，線香が激しく燃える。
ウ　色もにおいもないが有毒である。
エ　空気より重く，黄緑色の気体である。

[　　　　]

ステップアップ

(3)　加熱した試験管に残った物質が銀であることを確認するにはどうすればよいか。簡単に答えなさい。

[　　　　]

2 水溶液に電流を流したときの変化

電気分解できる物質をおさえる

✔チェックしよう！

解説動画も
チェック！

📈 電気分解

水溶液に電流を流すことで，物質を分解すること。

・陽極…電源の＋に近い側
・陰極…電源の－に近い側

👆 水の電気分解

水　→　水素＋酸素

↳電流を流れやすくするために少量の水酸化ナトリウムをとかす。

マッチの火を近づけると，
気体が燃える。

火のついた線香を近づけると，
線香が炎を上げて燃える。

酸素　水素

少量の水酸化
ナトリウムを
とかした水

陽極　陰極

電源装置
＋－

陽極に酸素が，陰極に水素が，
体積比1:2の割合で発生するよ。

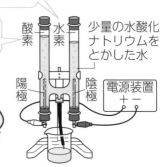

👆 塩化銅の電気分解

塩化銅　→　銅＋塩素
　　　　　　　赤色

電源装置
＋－

陽極　陰極

塩素が発生　　銅が付着

塩化銅水溶液

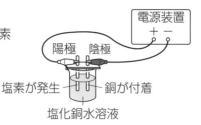

確認問題

1 次の物質を電気分解するとき，□にあてはまる物質名を書きましょう。

👆 ・水 → 水素＋ ①□

👆 ・塩化銅 → ②□ ＋塩素

👆 **2** 水の電気分解について □ にあてはまる物質名を書きましょう。

①□
が発生。

②□
が発生。

陽極　陰極　電源装置
＋－

少量の ③□ をとかす。

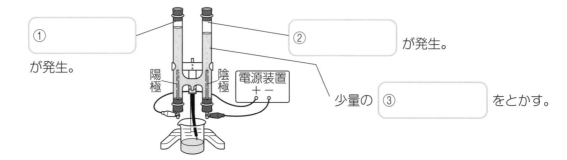

1 右の図のような装置を用いて，塩化銅を電気分解した。これについて，次の問いに答えましょう。

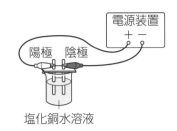

電源装置 ＋ －
陽極　陰極

塩化銅水溶液

(1) 陽極から発生する気体は何か。気体名を答えなさい。

(2) 陽極から発生する気体の性質として正しいものを，次から１つ選びなさい。

　　ア　色もにおいもなく，空気より重い。
　　イ　刺激臭があり，空気より軽い。
　　ウ　空気より重く，黄緑色の気体である。
　　エ　ものを燃やすはたらきがある。

(3) 陰極に付着した物質の色として正しいものを，次から１つ選びなさい。

　　ア　赤色
　　イ　黄色
　　ウ　青色
　　エ　白色

(4) 陰極に付着した物質は何か。物質名を答えなさい。

2 右の図のような装置を用いて，水の電気分解をした。これについて，次の問いに答えましょう。

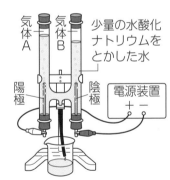

気体A　気体B　少量の水酸化ナトリウムをとかした水

陽極　陰極　電源装置 ＋ －

(1) 気体Ａは何か。気体名を答えなさい。

(2) 気体Ｂの性質として正しいものを，次から１つ選びなさい。

　　ア　空気より少し重い。
　　イ　刺激臭があり，空気より軽い。
　　ウ　ものが燃えるのを助けるはたらきがある。
　　エ　マッチの火を近づけると，ポンという音をたてて燃える。

水を電気分解すると，酸素と水素が発生するよ。

ステップアップ

(3) 水を電気分解するとき，水酸化ナトリウムを少量とかして行うのはなぜか。理由を簡単に答えなさい。

3 原子

物質のもとになる粒子をおさえる

解説動画も
チェック！

✔チェックしよう！

☑ 物質をつくっている最小の粒子

・原子…物質をつくっている最小の粒子。約120種類ある。

👆 原子の性質

・化学変化によって，それ以上分割できない。

・種類によって質量や大きさが決まっている。

質量は金原子
の方が大きい。

鉄原子　　金原子

・化学変化でなくなったり，種類が変わったり，
　新しくできたりしない。

鉄原子　　　金原子

✌ 原子の大きさ

原子1個の大きさはとても小さい。

最も小さな原子である水素原子は，直径が1cmの1億分の1くらいである。

🤟 原子の質量

銀原子と野球のボールの大きさの比は，野球のボール
と地球の大きさの比とほぼ同じになるよ。

原子1個の質量はとても小さい。

水素原子が 600,000,000,000,000,000,000,000 個 (6.0×10^{23} 個) 集まると
1gになる。原子の質量は，原子の種類によって異なる。

確認問題

1 次の文の ☐ にあてはまることばを書きましょう。

・物質をつくっている最小の粒子を ① _____ という。

・①は化学変化によって，それ以上分割でき ② _____ 。

・①は種類によって ③ _____ や ④ _____ が決まっている。

・①は化学変化によって，⑤ _____ り，⑥ _____ り，

⑦ _____ りしない。

・最も小さい①は ⑧ _____ であり，①の質量は，原子の種類によって

異なる。

1 次の問いに答えましょう。

(1) 物質をつくっている最小の粒子を何といいますか。

[ ]

(2) (1)の粒子の性質について正しいものを，次から1つ選びなさい。

ア (1)の粒子は，化学変化によってほかの種類に変わる。

イ (1)の粒子は，化学変化によってさらに分割できる。

ウ (1)の粒子は，物質の性質を示す最小の粒子である。

エ (1)の粒子は，種類によって質量や大きさが決まっている。

[ ]

この粒子は，とても小さいんだ！

2 次の問いに答えましょう。

(1) 19世紀のはじめに原子説を発表したイギリスの科学者の名前を答えなさい。

[ ]

(2) 原子の種類ではないものを，次から1つ選びなさい。

ア 水素 イ 酸素 ウ 塩素 エ 炭素

オ アンモニア カ ナトリウム キ マグネシウム ク 銅

[ ]

(3) 次の文が図の説明になるようにX，Y，Zにあてはまることばを書きなさい。

・化学変化によって，原子はそれ以上に　X　することができない。

・化学変化によって，原子はほかの種類の原子に　Y　しない。

鉄原子　　金原子

・原子は種類によって，その　Z　や大きさが決まっている。

鉄原子　金原子

X [ ]　　　Y [ ]　　　Z [ ]

(4) 原子の種類は約何種類か，答えなさい。

[ ] 種類

↗ ステップアップ

(5) 銀原子が野球ボールの大きさになったとすると，野球ボールはどれくらいの大きさになるか。次から1つ選びなさい。

ア サッカーボール イ 東京ドーム ウ 日本 エ 地球

[ ]

4 分子

原子が結びついてできる粒子をおさえる

解説動画も
チェック！

✔チェックしよう！

👆 原子が結びついてできる粒子

・分子…原子がいくつか結びついてできた粒子。

✌ 単体と化合物

・単体…1種類の原子だけでできている物質。

（例）水素，酸素，炭素，鉄など

・化合物…2種類以上の原子でできている物質。

分子をつくるものとつくらないものがある。

（例）水，二酸化炭素，酸化銅，塩化銅など

単体
水素　　　酸素
水素原子　　酸素原子

化合物
水　　　　二酸化炭素
酸素原子　　炭素原子
水素原子　　酸素原子

確認問題

1 次の文の □ にあてはまることばを書きましょう。

👆 ・原子がいくつか結びついてできた粒子を ① _____ という。

✌ ・1種類の原子だけでできている物質を ② _____ といい，2種類以上の原子

でできている物質を ③ _____ という。

2 次の文の □ にあてはまることばを書きましょう。

・二酸化炭素分子は，2個の ① _____ 原子と1個の ② _____ 原子か

らなる。

・水分子は，2個の ③ _____ 原子と1個の ④ _____ 原子からなる。

3 次の物質を単体か化合物に分けなさい。

ア　酸素　　イ　二酸化炭素　　ウ　水　　エ　鉄

単体 [　　　　　　　]　　　　　化合物 [　　　　　　　]

1 次の問いに答えましょう。

(1) 原子がいくつか結びついてできた粒子を何というか。

物質をつくる最小の粒子のことを原子というんだよ。

(2) 水素分子について正しいものを，次から1つ選びなさい。

　ア　1個の水素分子は，1個の水素原子でできている。

　イ　1個の水素分子は，2個の水素原子が結びついてできている。

　ウ　1個の水素分子は，3個の水素原子が結びついてできている。

　エ　1個の水素分子は，4個の水素原子が結びついてできている。

(3) 水分子について正しいものを，次から1つ選びなさい。

　ア　1個の水分子は，水素原子1個と酸素原子1個が結びついてできている。

　イ　1個の水分子は，水素原子1個と酸素原子2個が結びついてできている。

　ウ　1個の水分子は，水素原子2個と酸素原子1個が結びついてできている。

　エ　1個の水分子は，水素原子2個と酸素原子2個が結びついてできている。

↗ ステップアップ

(4) 固体の塩化ナトリウムでは，ナトリウム原子と塩素原子がどのようになっているか。簡単に説明しなさい。

2 右の図は，物質の分類を表したものである。これについて，次の問いに答えましょう。

(1) 図のX，Yにあてはまることばを書きなさい。

X〔　　　　　　　〕　Y〔　　　　　　　〕

純粋な物質 ─ X　1種類の原子からできている
純粋な物質 ─ Y　2種類以上の原子からできている
物質 ─ 純粋な物質
物質 ─ 混合物

↗ ステップアップ

(2) 図のXに分類される物質として正しいものを，次からすべて選びなさい。

　ア　水素　　イ　空気　　ウ　二酸化炭素　　エ　アンモニア

　オ　鉄　　カ　水　　キ　酸化銅　　ク　マグネシウム

5 元素記号
元素の表し方をおさえる

解説動画も
チェック！

✔チェックしよう！

☑ 元素記号

・元素…物質を構成する原子の種類。

・元素記号…約120種類ある元素には，それぞれの元素を表す記号があり，それを元素記号という。アルファベット1文字か2文字で表す。

表にある元素記号は覚えておこう！

元素	元素記号	元素	元素記号
水素	H	ナトリウム	Na
炭素	C	マグネシウム	Mg
窒素	N	鉄	Fe
酸素	O	銅	Cu
硫黄	S	亜鉛	Zn
塩素	Cl	銀	Ag

☑ 元素の周期表

・約120種類の元素には，それぞれ原子番号がつけられている。

・原子番号の順に元素を並べた表を周期表という。

確認問題

1 次の表にあてはまる元素の名称や元素記号を [　　] に書きましょう。

元素	元素記号	元素	元素記号
水素	①	ナトリウム	②
③	C	④	Mg
窒素	⑤	鉄	⑥
⑦	O	⑧	Cu

2 次の文の [　　] にあてはまることばを書きましょう。

・現在知られている約120種類の元素には ① [　　] がつけられており，この順番に元素を並べた表を ② [　　] という。

1 次の表は周期表の一部である。これについて，あとの問いに答えましょう。

1 水素 ア							2 ヘリウム He
3 リチウム Li	4 ベリリウム Be	5 ホウ素 B	6 炭素 イ	7 ウ N	8 酸素 O	9 フッ素 F	10 ネオン Ne

(1) ア にあてはまる元素記号を答えなさい。

(2) イ にあてはまる元素記号を答えなさい。

(3) ウ にあてはまる元素の名称を答えなさい。

(4) 表の元素の名称についている番号を何というか。

周期表は元素に付けられた番号の順に並んでいるよ。

重要!!

(5) (4)の番号が 12 である元素はマグネシウムである。
マグネシウムの元素記号を答えなさい。

↗ ステップアップ

(6) (4)の番号が 113 である元素は，ニホニウムという。ニホニウムの元素記号として正しいものを，次から 1 つ選びなさい。
　ア　NH
　イ　nh
　ウ　Nh
　エ　nH

↗ ステップアップ

(7) 空気（乾燥空気）を構成する物質の中で，約 75％ を占めている物質の元素記号を答えなさい。

6 化学式
物質の表し方をおさえる

解説動画も
チェック!

✔ チェックしよう!

📝 化学式

・化学式…元素記号と数字を使って表したもの。

すべての物質は化学式で表すことができる。

・1種類の元素がたくさん集まってできている物質の化学式は，その元素記号で表す。

（例）鉄 Fe，銀 Ag

化学式をみると，その物質がどんな元素
でできているかがわかるね。

物質名	化学式	物質名	化学式
水素分子	H_2	酸素分子	O_2
水分子	H_2O	二酸化炭素分子	CO_2
アンモニア分子	NH_3	窒素分子	N_2
鉄	Fe	銀	Ag
塩化ナトリウム	NaCl	銅	Cu
塩化銅	$CuCl_2$	酸化銀	Ag_2O
酸化銅	CuO	水酸化ナトリウム	NaOH

確認問題

1 次の表の □ にあてはまる物質名または化学式を書きましょう。

物質名	化学式	物質名	化学式
水素分子	①	酸素分子	②
③	H_2O	④	CO_2
アンモニア分子	⑤	窒素分子	⑥
⑦	Fe	⑧	Ag

1 次の問いに答えましょう。

(1) 二酸化炭素分子を表す化学式を答えなさい。

$$[\qquad\qquad]$$

(2) H_2O が表す物質名を答えなさい。

$$[\qquad\qquad]$$

(3) アンモニアの分子はどのようになっているか。次から1つ選びなさい。

　ア　窒素原子1個と水素原子1個が結びついた分子である。
　イ　窒素原子1個と水素原子3個が結びついた分子である。
　ウ　窒素原子3個と水素原子1個が結びついた分子である。
　エ　窒素原子2個と水素原子3個が結びついた分子である。

$$[\qquad]$$

(4) 塩化ナトリウムの化学式は NaCl であるが，これは固体の塩化ナトリウムがどのようになっていることを表しているか。次から1つ選びなさい。

　ア　塩素原子1個とナトリウム原子1個が結びついた分子ができている。
　イ　塩素原子2個とナトリウム原子2個が結びついた分子ができている。
　ウ　塩素原子3個とナトリウム原子3個が結びついた分子ができている。
　エ　塩化ナトリウムは分子をつくらないが，塩素原子とナトリウム原子が1：1の数の割合で集まっている。

$$[\qquad]$$

> 分子をつくる物質と，つくらない物質とがあったよね。

考えよう

(5) 化合物に分類される物質を表す化学式を，次からすべて選びなさい。

　ア　H_2　　イ　O_2　　ウ　H_2O　　エ　CO_2　　オ　Fe
　カ　Cu　　キ　NH_3　　ク　Ag

$$[\qquad\qquad]$$

(6) 以下の物質の化学式を書きなさい。また単体であるものをすべて選び，記号で答えなさい。

　ア　鉄 [　　　　]　　　　イ　塩化銅 [　　　　]　　　ウ　酸素 [　　　　]

　エ　水酸化ナトリウム [　　　　]　　　単体であるもの [　　　　]

7 第1章 化学変化と原子・分子

化学反応式
化学変化を表す式を学ぼう

✔チェックしよう！

解説動画も
チェック！

☑ 化学反応式

・化学反応式…化学式を使って化学変化の様子を表した式。

・化学反応式をつくる手順

 1. 反応前のすべての物質→反応後のすべての物質と表す。

 2. それぞれの物質を化学式で表し，複数ある場合は＋でつなぐ。

 3. 化学変化の前後で，原子の種類と個数が等しくなるようにする。

〈水の電気分解のモデル〉

式の左側と右側で，原子の種類と個数が
等しくなるように書こう！

(例)・酸化銀の熱分解　　　　　　$2Ag_2O$　　　→ $4Ag + O_2$

　　・塩化銅水溶液の電気分解　$CuCl_2$　　　→ $Cu + Cl_2$

　　・水の電気分解　　　　　　$2H_2O$　　　→ $2H_2 + O_2$

　　・炭酸水素ナトリウムの熱分解　$2NaHCO_3$ → $Na_2CO_3 + CO_2 + H_2O$

確認問題

1　次の文の 　　　 にあてはまることばを書きましょう。

　・化学式を使って化学変化の様子を表した式を ① 　　　　 という。

　・化学反応式の左側と右側で，原子の種類と ② 　　　　 が等しくなるように書く。

2　次の 　　　 にあてはまる化学式や数を書いて，化学反応式を完成させましょう。

　・水の電気分解　　$2H_2O$ → ① 　　　　 $H_2 +$ ② 　　　　

　・塩化銅水溶液の電気分解　$CuCl_2$ → ③ 　　　　 $+ Cl_2$

1 酸化銀の熱分解について式をつくりたい。これについて，次の問いに答えましょう。

(1) 化学変化を表す式を何というか。

(2) 酸化銀が熱分解すると，銀と何ができるか。

(3) 酸化銀の(1)について，「→」の左側に書く物質の化学式を書きなさい。

(4) 酸化銀の(1)について，「→」の右側に書く物質の化学式をすべて書きなさい。

> 式の左側には反応前，右側には
> 反応後の物質を書くよ。

(5) 酸化銀の熱分解を表す(1)を
書きなさい。

2 次の化学変化の化学反応式を書きましょう。

(1) 炭酸水素ナトリウム→炭酸ナトリウム＋二酸化炭素＋水

(2) 塩化銅→銅＋塩素

3 □□□ に数を入れて化学反応式を完成させなさい。ただし，数が入らない場合は
×を入れなさい。

(1) □ Mg ＋ □ O_2 → □ MgO

↗ ステップアップ

(2) □ N_2 ＋ □ H_2 → □ NH_3

8 物質どうしが結びつく変化

2種類以上の物質の結びつき方

✔チェックしよう！

解説動画も チェック！

📈 **化合物**…2種類以上の物質が結びついてできる，別の物質。

（例1）水素＋酸素 → 水　　　 $2H_2 + O_2 → 2H_2O$

（例2）鉄＋硫黄 → 硫化鉄　　 $Fe + S → FeS$

鉄と硫黄を混ぜ合わせて加熱すると，硫化鉄ができる。反応の前後で物質の性質は異なる。

〈鉄と硫黄の化合〉

脱脂綿

鉄と硫黄 の混合物

硫化鉄が できる。

	磁石との反応	塩酸との反応
鉄と硫黄	鉄が磁石につく	水素が発生
硫化鉄	磁石につかない	硫化水素が発生

化学変化の一つの 反応なんだね。

確認問題

1 次の文の ▢ にあてはまることばを書きましょう。

• 2種類以上の物質が結びついてできた物質を ▢ という。

2 次の文の ▢ にあてはまる化学式や数を書いて，化学反応式を完成させましょう。

• 水素と酸素が結びつく反応　① ▢ $H_2 +$ ② ▢ → $2H_2O$

• 鉄と硫黄が結びつく反応　　$Fe +$ ③ ▢ → ④ ▢

3 鉄と硫黄が結びついてできた化合物の性質を調べるために，以下のことを行った。結果を簡単に答えなさい。

(1) できた化合物に磁石を近づける ▢

(2) できた化合物に塩酸を加える ▢

1 右の図のように，鉄と硫黄の混合物を試験管に入れて加熱した。次の問いに答えましょう。

鉄と硫黄の混合物

(1) 加熱前の混合物と，加熱後，試験管に残った物質それぞれに磁石を近づけるとどうなるか。正しいものを次から1つ選びなさい。

　ア　加熱前の混合物と加熱後の物質は，どちらも磁石につく。

　イ　加熱前の混合物は磁石につくが，加熱後の物質は磁石につかない。

　ウ　加熱前の混合物は磁石につかないが，加熱後の物質は磁石につく。

　エ　加熱前の混合物と加熱後の物質は，どちらも磁石につかない。

(2) 加熱前の混合物と，加熱後，試験管に残った物質それぞれにうすい塩酸を加えるとどうなるか。正しいものを次から1つ選びなさい。

　ア　加熱前の混合物と加熱後の物質は，どちらもにおいのある気体が発生した。

　イ　加熱前の混合物はにおいのある気体が，加熱後の物質はにおいのない気体が発生した。

　ウ　加熱前の混合物はにおいのない気体が，加熱後の物質はにおいのある気体が発生した。

　エ　加熱前の混合物と加熱後の物質は，どちらもにおいのない気体が発生した。

(3) この実験で，鉄と硫黄が反応して別の物質に変化した。このように2種類以上の物質が結びつく化学変化でできた物質を何というか答えなさい。

(4) この実験で，鉄と硫黄が反応して何という物質ができたか，物質名を答えなさい。

2種類以上の物質が結びつくと，別の物質ができるんだね。

重要!!

2 次の化学変化の化学反応式を書きましょう。

(1) 水素＋酸素 → 水

(2) 鉄＋硫黄 → 硫化鉄

9 酸化と還元

酸素と結びつく反応，酸素がうばわれる反応について覚える

✔チェックしよう！

解説動画も
チェック！

☝酸化（さんか）

・酸化…物質が酸素と結びつくこと。

（例）銅の酸化（$2Cu + O_2 \rightarrow 2CuO$）

・燃焼（ねんしょう）…物質が，熱や光を出しながら激しく酸化すること。

（例）マグネシウムの燃焼（$2Mg + O_2 \rightarrow 2MgO$）

✌還元（かんげん）

・還元…酸化物から酸素がうばわれる化学変化。

（例）酸化銅の還元

```
        ┌─── 還元 ───┐
  2CuO  +  C  →  2Cu  +  CO₂
  酸化銅    炭素    銅    二酸化炭素
             └──── 酸化 ────┘
```

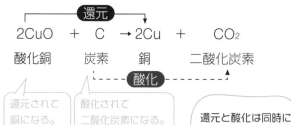

還元されて
銅になる。

酸化されて
二酸化炭素になる。

還元と酸化は同時に
起こるよ。

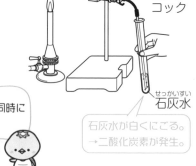

黒色の酸化銅
→赤色の銅に変化

酸化銅と炭素の粉末の混合物

ピンチ
コック

石灰水（せっかいすい）

石灰水が白くにごる。
→二酸化炭素が発生。

確認問題

1 次の文の　□　にあてはまることばを書きましょう。

・物質が酸素と結びつくことを　①□　という。

・物質が，熱や光を出しながら激しく酸化することを　②□　という。

・酸化物から酸素がうばわれる化学変化を，　③□　という。

2 次の　□　にあてはまることばを書きましょう。

酸化銅…　①□　色

加熱後の物質…　②□　色

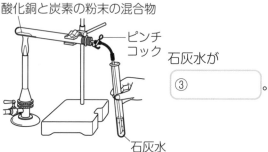

酸化銅と炭素の粉末の混合物

ピンチ
コック

石灰水が

③□　。

石灰水

1 右の図のように，マグネシウムを加熱すると，熱や光を出しながら燃え，白色の固体が残った。これについて，次の問いに答えましょう。

マグネシウム

(1) マグネシウムが燃えるとき，マグネシウムと結びつく物質は何か，答えなさい。

[　　　　]

(2) マグネシウムを燃やしたときのように，熱や光を出しながら(1)と結びつく化学変化を何といいますか。

[　　　　]

(3) マグネシウムを燃やしたあとにできる物質を，化学式で書きなさい。

[　　　　]

2 右の図のように，酸化銅と炭素の粉末の混合物を加熱したところ，気体が発生して石灰水が白くにごった。これについて，次の問いに答えましょう。

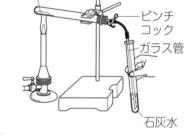
酸化銅と炭素の粉末の混合物
ピンチコック
ガラス管
石灰水

(1) この実験で発生した気体は何か。気体名を答えなさい。

[　　　　]

(2) この実験で，加熱した試験管には赤色の物質が残った。この物質は何か，答えなさい。

[　　　　]

(3) 次の　　　の中にあてはまることばを書きなさい。
この実験で，酸化銅は酸素をうばわれて　①　され，炭素は　②　された。

①[　　　　]　　②[　　　　]

(4) この実験で起こった化学変化を，化学反応式で書きなさい。

[　　　　]

↗ ステップアップ

(5) この実験では，ガスバーナーの火を消す前に石灰水からガラス管を抜(ぬ)く必要がある。その理由を簡単に書きなさい。

[　　　　]

ガラス管を石灰水につけたまま火を消すと，石灰水はどうなるか考えよう。

10 化学変化と熱の出入り

発熱反応，吸熱反応について学ぼう

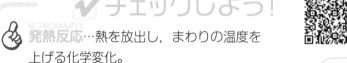

✔ チェックしよう！

解説動画も
チェック！

👉 **発熱反応**…熱を放出し，まわりの温度を
上げる化学変化。

メタンやプロパンなどの有機
物の燃焼も熱を放出するよ。

（例）・鉄粉と酸素が結びつく反応（化学かいろ）
    鉄＋酸素→酸化鉄＋熱

・マグネシウムの燃焼　マグネシウム＋酸素→酸化マグネシウム＋熱

・鉄と硫黄の化合　鉄＋硫黄→硫化鉄＋熱

・マグネシウムとうすい塩酸の反応（水素の発生）
    マグネシウム＋塩酸→塩化マグネシウム＋水素＋熱

✌ **吸熱反応**…熱を吸収し，まわりの温度を下げる化学変化。

（例）・炭酸水素ナトリウムとクエン酸の反応
    炭酸水素ナトリウム＋クエン酸＋熱→クエン酸ナトリウム＋二酸化炭素＋水

・水酸化バリウムと塩化アンモニウムの反応（アンモニアの発生）
    水酸化バリウム＋塩化アンモニウム＋熱→塩化バリウム＋アンモニア＋水

●発熱反応 ●吸熱反応

物質A ＋ …　→　物質B ＋ … 熱　　　物質C ＋ … 熱 → 物質D ＋ …
　　　　化学
　　　　変化　　　　　　　　　　　　　　　　　　化学
　　　　　　　　　　　　　　　　　　　　　　　　変化

確認問題

1 次の文の 　　　 にあてはまることばを書きましょう。

・熱を放出し，まわりの温度を上げる化学変化を ① 　　　 という。

・熱を吸収し，まわりの温度を下げる化学変化を ② 　　　 という。

・鉄粉と酸素が結びつく反応では，熱が ③ 　　　 される。この熱を利用した
道具には ④ 　　　 がある。

・マグネシウムとうすい塩酸の反応では，熱が ⑤ 　　　 される。この反応で
は，気体の ⑥ 　　　 が発生する。

・水酸化バリウムと塩化アンモニウムの反応では，熱が ⑦ 　　　 される。こ
の反応では気体の ⑧ 　　　 が発生する。

1 右の図のように，鉄粉6gと活性炭3gを混ぜたものをビーカーに入れ，食塩水を数滴加えたあと，ガラス棒でかき混ぜながら温度変化を調べた。これについて，次の問いに答えましょう。

ガラス棒　温度計
食塩水を
数滴加える

鉄粉と
活性炭

(1) この実験で，鉄が結びついた物質は何か。正しいものを次から1つ選びなさい。

　　ア　炭素　　　イ　二酸化炭素
　　ウ　水素　　　エ　酸素　　　　　　[　　　]

(2) この実験の化学変化では，熱が放出されましたか，吸収されましたか。

[　　　　　　　]

(3) 熱が(2)のようになる化学変化を何といいますか。

[　　　　　]

(4) (3)の化学変化を利用したものとして正しいものを，次から1つ選びなさい。

　　ア　ドライアイス　　イ　化学かいろ
　　ウ　ストーブ　　　　エ　冷却パック　　　[　　　]

2 右の図のように，塩化アンモニウム1gと水酸化バリウム3gをビーカーに入れ，ぬれたろ紙をかぶせたあと，ガラス棒でかき混ぜた。これについて，次の問いに答えましょう。

ガラス棒
水でぬらしたろ紙

塩化アンモニウム
と水酸化バリウム

(1) この実験で発生した気体は何か。気体名を答えなさい。

[　　　　　　　]

ろ紙の水にひじょうにとけやすい
性質をもつ気体だよ。

(2) この反応は，発熱反応，吸熱反応のどちらですか。

[　　　　　]

↗ ステップアップ

(3) 熱の出入りが，この実験の化学変化と同じものを，次から1つ選びなさい。

　　ア　紙や木などの有機物が燃えるとき。
　　イ　炭酸水素ナトリウムとクエン酸が反応するとき。
　　ウ　うすい塩酸にマグネシウムリボンを入れて気体を発生させたとき。
　　エ　スチールウールが燃えるとき。

[　　　　　]

11 化学変化と質量保存の法則

化学変化と質量の関係をおさえる

解説動画も
チェック！

✔チェックしよう！

☑ **質量保存の法則**…化学変化の前後で，物質全体の質量は変わらないこと。

＜気体が発生する反応＞密閉容器内で，炭酸水素ナトリウムにうすい塩酸を加える。

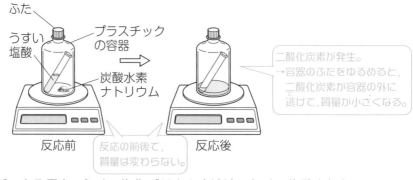

ふた　プラスチックの容器
うすい塩酸
炭酸水素ナトリウム

二酸化炭素が発生。
→容器のふたをゆるめると，二酸化炭素が容器の外に逃げて，質量が小さくなる。

反応前　　反応後

反応の前後で，質量は変わらない。

＜沈殿ができる反応＞うすい塩化バリウム水溶液にうすい塩酸を加える。

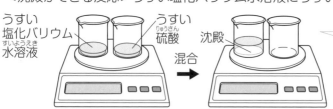

うすい塩化バリウム水溶液　うすい硫酸　沈殿　混合

硫酸バリウムの白い沈殿ができる。
→反応の前後で質量は変わらない。

化学変化の前後で，全体の質量が変わらないことをおさえよう。

確認問題

1 次の文の　　　にあてはまることばを書きましょう。

- 化学変化の前後で，物質全体の質量は変わらないことを ① 　　　という。

- 炭酸水素ナトリウムにうすい塩酸を加えると気体の ② 　　　が発生する。

2 次の文の　　　にあてはまることばを書きましょう。

うすい塩化バリウム水溶液　うすい硫酸　混合

① 　　　の白い沈殿が生じる。
反応の前後で，質量は

② 　　　。

1 右の図のように，プラスチックの容器に
炭酸水素ナトリウムとうすい塩酸の入っ
た試験管を入れてふたを閉め，全体の質
量をはかったところ 78.5g であった。そ
の後，容器を傾けて気体を発生させた。
これについて，次の問いに答えましょう。

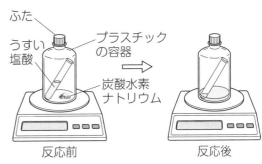

(1) 炭酸水素ナトリウムとうすい塩酸を反
応させたときに発生する気体は何か。気体名を答えなさい。

(2) 実験で，反応後の容器全体の質量をはかると何 g になると考えられますか。

g

(3) 実験で，反応後，容器のふたをゆるめると，全体の質量はどうなるか。正しいものを
次から１つ選びなさい。

　　ア　大きくなる。

　　イ　小さくなる。

　　ウ　変わらない。

2 右の図のように，うすい塩化バリウム水溶液とう
すい硫酸をそれぞれ容器に入れて質量をはかり，
水溶液を混ぜ合わせた。これについて，次の問い
に答えましょう。

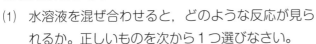

(1) 水溶液を混ぜ合わせると，どのような反応が見ら
れるか。正しいものを次から１つ選びなさい。

　　ア　気体が発生する。　　　イ　溶液が赤くなる。

　　ウ　白い沈殿が生じる。

(2) 反応後の全体の質量は，反応前の全体の質量に比べてどうなりますか。

(3) (2)のようになるのは，化学変化の前後で，質量の変化のしかたにきまりがあるからで
ある。このきまりを何の法則といいますか。

の法則

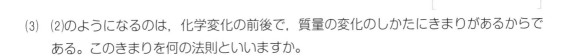

12 化学変化と質量の割合

金属と酸素が結びつく割合を理解する

解説動画もチェック!

✔チェックしよう!

化学変化と質量の比

化学変化において，反応する物質の質量の比はつねに**一定**である。

（例）グラフのA点より，銅 1.0 g と結びつく
酸素は 0.25 g

→　銅：酸素＝ 4 : 1 の割合で結びつく。
結びつく酸素の質量は銅の質量に比例する。

（例）グラフのB点より，マグネシウム 1.5 g と
結びつく酸素は 1.00 g

→　マグネシウム：酸素＝ 3 : 2 の割合で結びつく。
結びつく酸素の質量はマグネシウムの質量に比例する。

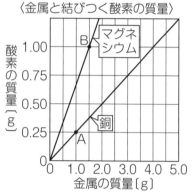

〈金属と結びつく酸素の質量〉

グラフは原点を通る直線だから，
金属と結びつく酸素の質量は，
金属の質量に比例するんだね。

確認問題

1 グラフを見て，次の文の ⬜ にあてはまることばや数を書きましょう。

・グラフより，銅 4.0g と結びつく酸素の質量は
　① ＿＿＿ g である。

・銅と酸素が結びつくときの質量比は
　② ＿＿＿ である。

・銅 4.0g と酸素が結びつくと ③ ＿＿＿ g
　の酸化銅ができる。

・グラフより，マグネシウム 1.5g と結びつく酸素の質量は ④ ＿＿＿ g である。

・マグネシウムと酸素が結びつくときの質量比は ⑤ ＿＿＿ である。

・化学変化に関係する物質の質量の比はつねに ⑥ ＿＿＿ である。

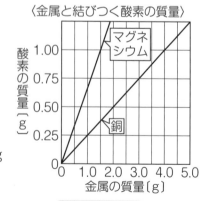

〈金属と結びつく酸素の質量〉

1 右のグラフは，銅の粉末を十分に加熱したときの，銅の質量とできた酸化銅の質量の関係を表したものである。これについて，次の問いに答えましょう。

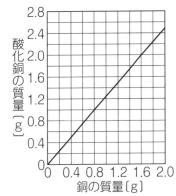

(1) 銅が酸化して酸化銅ができるときの化学反応式を書きなさい。

(2) 銅 1.6g が酸化すると，何 g の酸化銅ができますか。

$$g$$

(3) 銅 1.6g は，何 g の酸素と結びつきますか。

$$g$$

(4) 銅の質量と結びつく酸素の質量の比を，最も簡単な整数の比で書きなさい。

2 図1は，マグネシウムを完全に酸化させたときの，マグネシウムの質量と酸化物の質量の関係をグラフに表したものである。これについて，次の問いに答えましょう。

(1) マグネシウムの酸化物を，化学式で答えなさい。

マグネシウムの原子の記号はMg，酸素の原子の記号はOだよ。

(2) マグネシウム 0.6g を酸化させると，何 g の酸化物ができますか。

$$g$$

(3) マグネシウム 0.6g を酸化させると，何 g の酸素が結びつきますか。

$$g$$

(4) マグネシウムの質量と結びつく酸素の質量の比を，最も簡単な整数の比で書きなさい。

ステップアップ

(5) 図1のグラフをもとにして，図2に，マグネシウムの質量と結びつく酸素の質量の関係を表すグラフを書きなさい。

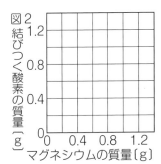

1 生物と細胞
細胞のつくりをおさえる

✔チェックしよう！

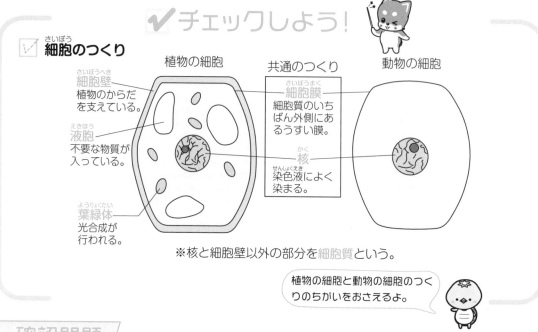

☑ **細胞のつくり**

植物の細胞

共通のつくり

動物の細胞

細胞壁（さいぼうへき）
植物のからだ
を支えている。

液胞（えきほう）
不要な物質が
入っている。

葉緑体（ようりょくたい）
光合成が
行われる。

細胞膜（さいぼうまく）
細胞質のいち
ばん外側にあ
るうすい膜。

核（かく）
染色液によく
染まる。（せんしょくえき）

※核と細胞壁以外の部分を細胞質という。

植物の細胞と動物の細胞のつく
りのちがいをおさえるよ。

確認問題

1 次の 　　　 にあてはまることばを書きましょう。

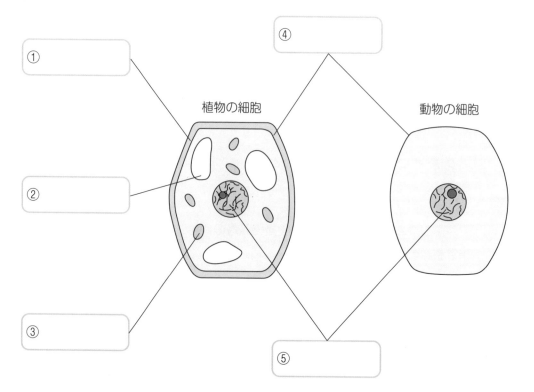

④

①

植物の細胞

動物の細胞

②

③

⑤

28

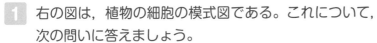

1 右の図は，植物の細胞の模式図である。これについて，次の問いに答えましょう。

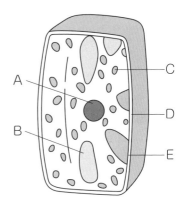

(1) Aは，ふつう細胞に1個あり，酢酸カーミン溶液や酢酸オルセイン溶液などの染色液によく染まるつくりである。Aを何といいますか。

(2) Bの中には，細胞の活動にともなってできた物質や水が入っている。Bを何といいますか。

(3) Cのはたらきとして正しいものを，次から1つ選びなさい。

ア からだを支える。

イ 物質を貯蔵する。

ウ 酸素を使って，養分からエネルギーをとり出す。

エ 光合成を行う。

Cは緑色をした粒で，デンプンをつくるはたらきをしているよ。

重要!!

(4) A〜Eのうち，動物の細胞にも見られるつくりはどれか。すべて選びなさい。

2 生物の細胞について，次の問いに答えましょう。

(1) からだが1個の細胞だけでできている生物を何といいますか。

(2) 次のうち，(1)にあてはまる生物はどれか。すべて選びなさい。

ア アメーバ　　イ タマネギ　　ウ ホウセンカ

エ ソラマメ　　オ ゾウリムシ

(3) からだが多くの細胞からできている生物について述べた次の文の ☐ にあてはまることばを，あとの**ア〜ウ**からそれぞれ選びなさい。

形やはたらきが同じ細胞が集まって ① をつくり，いくつかの①が集まって特定のはたらきをする ② になる。いくつかの②が集まって1つの ③ になる。

ア 器官　　イ 組織　　ウ 個体

① ☐　　② ☐　　③ ☐

2 細胞が生きるために
細胞内のはたらきを理解する

解説動画も
チェック！

☝ 細胞のはたらき

・細胞呼吸…細胞内で，酸素を使って栄養分を分解し，エネルギーを取り出すはたらきのこと。

酸素＋栄養分

二酸化炭素＋水

植物も動物も一つ一つの細胞が，細胞呼吸をしているんだ。

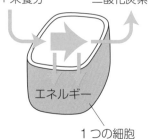

エネルギー

1つの細胞

✌ 栄養分を得る

・植物は光（日光）を受けて光合成をすることで栄養分をつくる。光合成とは，葉緑体をもつ生物が光エネルギーを用いて，二酸化炭素と水から酸素とデンプンを合成することである。

・動物はほかの生き物を食べて栄養分を得る。

確認問題

1 次の文の ☐ にあてはまることばを書きましょう。

・細胞呼吸では，①〔　　〕と栄養分から，②〔　　〕をつくり出す。

・細胞呼吸のときには，不要な③〔　　〕と④〔　　〕ができるので，これは細胞の外に排出される。

2 次の文の ☐ にあてはまることばを書きましょう。

・植物では，細胞呼吸のときに必要な栄養分を，①〔　　〕を受けて

②〔　　〕することでつくることができる。

3 次の文の ☐ にあてはまることばを書きましょう。

・光合成とは①〔　　〕をもつ生物が光のエネルギーを用いて②〔　　〕

と③〔　　〕から④〔　　〕と⑤〔　　〕を合成することである。

1 右の図は，1つの細胞で行われていることを模式的に表したものである。これについて，次の問いに答えましょう。

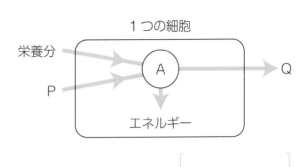

1つの細胞

栄養分

A

Q

P

エネルギー

(1) A で行われていることを何といいますか。

[　　　　　　]

(2) P にあてはまる物質は何ですか。

[　　　　　　]

(3) Q について述べた文として正しいものを，次から1つ選びなさい。

　ア　酸素と二酸化炭素である。

　イ　水と酸素である。

　ウ　酸素と栄養分である。

　エ　水と二酸化炭素である。

細胞呼吸では不要なものができて，それが細胞の外に排出されるよ。

[　　　　　　]

(4) 植物では，図の栄養分を，日光を受けてつくることができる。このことを何というか。

[　　　　　　]

↗ ステップアップ

(5) 図の栄養分を，動物ではどのようにして得ますか。簡単に説明しなさい。

[　　　　　　　　　　　　　　　　　　　　　　　　　]

↗ ステップアップ

2 次の文の [　　] にあてはまることばを書きましょう。

植物や動物の細胞では，酸素を使って栄養分を分解するときに ① [　　　　　] と

② [　　　　　] が発生する。その際に生きるためのエネルギーを取り出している。これ

を ③ [　　　　] という。

3 栄養分をとり入れるしくみ

消化・吸収のしくみをおさえる

✔チェックしよう！

👆消化のしくみ

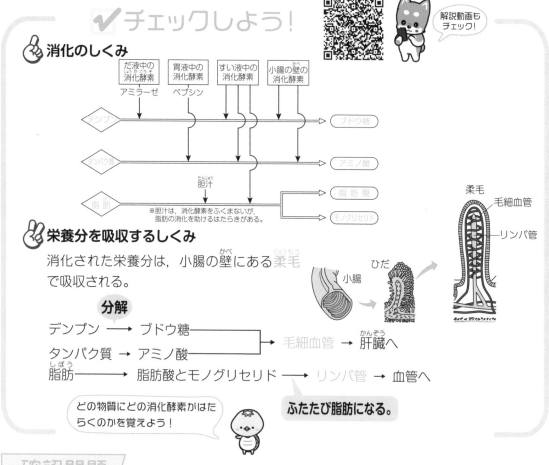

✌栄養分を吸収するしくみ

消化された栄養分は，小腸の壁にある柔毛で吸収される。

分解

デンプン ⟶ ブドウ糖
タンパク質 → アミノ酸
脂肪 ⟶ 脂肪酸とモノグリセリド ⟶ リンパ管 → 血管へ

毛細血管 → 肝臓へ

ふたたび脂肪になる。

どの物質にどの消化酵素がはたらくのかを覚えよう！

確認問題

1 次の文の □ にあてはまることばを書きましょう。

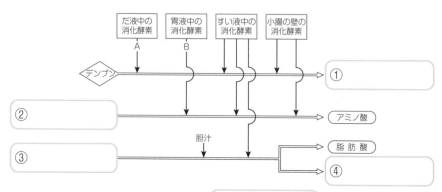

・だ液中にふくまれる消化酵素Aは ⑤ である。

・胃液中にふくまれる消化酵素Bは ⑥ である。

1 右の図は，ヒトの消化に関わる器官を模式的に表した
ものである。これについて，次の問いに答えましょう。

(1) A～Cの器官の名称を答えなさい。

A [   ] B [   ] C [   ]

(2) Aの器官から分泌される消化酵素によって分解される栄
養分は何か。次から1つ選びなさい。

ア　タンパク質　　　イ　デンプン　　　ウ　脂肪

[   ]

(3) 消化について述べた文のうち正しいものを，次から1つ
選びなさい。

ア　デンプンは，最終的にブドウ糖に分解される。

イ　タンパク質は，最終的に脂肪酸に分解される。

ウ　タンパク質は，最終的にブドウ糖に分解される。

エ　脂肪は，最終的に脂肪酸とアミノ酸に分解される。

[   ]

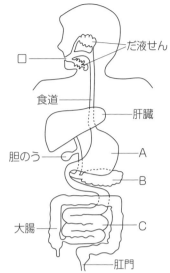

□

だ液せん

食道

肝臓

胆のう

A

B

大腸

C

肛門

2 右の図は，ヒトの消化に関わるある器官のひだにある
小さな突起の断面を表したもので，消化された栄養分
が吸収されるつくりである。これについて，次の問い
に答えましょう。

(1) 図のようなひだにある小さな突起を何といいますか。

[   ]

(2) 図のA，Bの管を何といいますか。

A [   ] B [   ]

(3) 図のAの管に吸収された栄養分は，まずある器官に運ばれ，たくわえられたり別の物
質につくり変えられたりする。この器官の名称を答えなさい。

栄養分をたくわえる器官は，どこ
だったかな？

[   ]

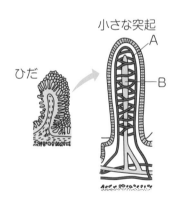

小さな突起

A

B

ひだ

↗ ステップアップ

(4) 図のような小さな突起があることによって，栄養分をより効率よく吸収することがで
きる。その理由を簡単に答えなさい。

[   ]

4 酸素をとり入れるしくみ
肺のはたらきと血液の成分をおさえる

✔ チェックしよう！

👆 肺のつくり

・肺は，細かく枝分かれした気管支と，その先につながる多数の肺胞からなっている。

・肺胞で，空気中から酸素が血液の中にとり入れられ，二酸化炭素が血液から出される。

✌ 血液の成分

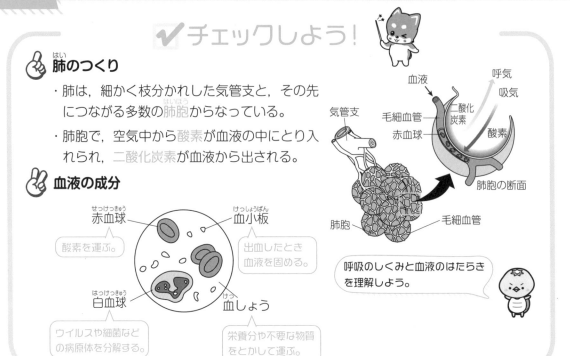

赤血球（せっけっきゅう）
酸素を運ぶ。

血小板（けっしょうばん）
出血したとき血液を固める。

白血球（はっけっきゅう）
ウイルスや細菌などの病原体を分解する。

血しょう（けっ）
栄養分や不要な物質をとかして運ぶ。

呼吸のしくみと血液のはたらきを理解しよう。

確認問題

👆 1 次の □ にあてはまることばを書きましょう。

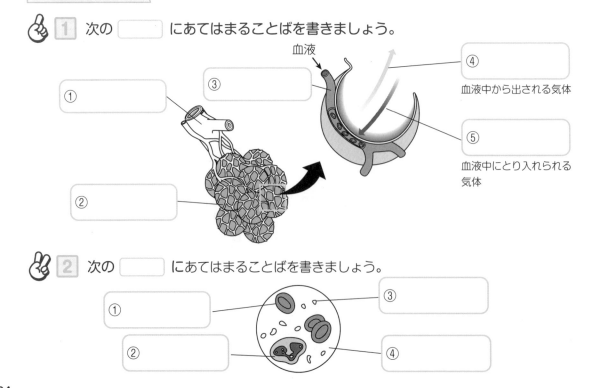

血液

①

②

③

④
血液中から出される気体

⑤
血液中にとり入れられる気体

✌ 2 次の □ にあてはまることばを書きましょう。

①

②

③

④

1 右の図は，ヒトの肺を模式的に表したものである。これについて，次の問いに答えましょう。

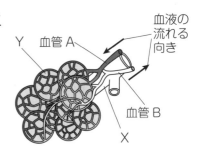

(1) 気管が枝分かれしたXを何といいますか。

(2) (1)で答えた管の先につながっている多数の袋Yを何といいますか。

(3) Yの中でのようすについて述べた次の文の　　にあてはまることばを答えなさい。
Yの中では，空気中の　①　が毛細血管にとり入れられ，　②　が毛細血管から出されるという，気体の交換（こうかん）が行われている。

① [　　　　] ② [　　　　]

(4) 図の血管Aと血管Bでは，どちらがたくさんの酸素をふくんでいますか。

肺のはたらきを考えてみよう。

考えよう

[　　] 血管

↗ ステップアップ

(5) 肺が図のような多くの小さな袋からできていることで，どのような利点があるか。簡単に答えなさい。

[　　　　　　　　　　　　　　　　　　　　]

2 右の図は，血液の成分を模式的に表したものである。次の(1)～(4)のはたらきをもつ血液の成分を，図のA～Dの中から選びましょう。また，その成分の名称（めいしょう）を答えましょう。

(1) 出血したとき，血液を固める。

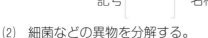

記号 [　　] 名称 [　　　]

(2) 細菌などの異物を分解する。

記号 [　　] 名称 [　　　]

(3) 養分や不要な物質などを運ぶ。

記号 [　　] 名称 [　　　]

(4) 酸素を運ぶ。

記号 [　　] 名称 [　　　]

5 物質を運ぶしくみ

全身をめぐる血液をおさえる

✔チェックしよう！

 血液の循環

・肺循環…心臓から送り出された血液が肺を通り，ふたたび心臓にもどる。

・体循環…心臓から送り出された血液が全身をめぐり，ふたたび心臓にもどる。

 血管

・動脈…心臓から送り出された血液が流れる。

・静脈…心臓にもどる血液が流れる。

動脈血と静脈血

・動脈血…酸素を多くふくむ血液。

・静脈血…二酸化炭素を多くふくむ血液。

■ 動脈血（酸素を多くふくむ血液）
□ 静脈血（二酸化炭素を多くふくむ血液）

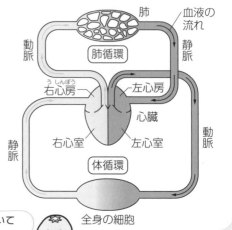

血管を流れる血液について覚えよう。

確認問題

1 次の文の ☐ にあてはまることばを書きましょう。

・心臓から送り出されて肺を通り，ふたたび心臓にもどる血液の経路を ① ☐ といい，心臓から送り出されて全身をめぐり，ふたたび心臓にもどる血液の経路を ② ☐ という。

・ ③ ☐ には心臓から送り出された血液が流れ，④ ☐ には心臓にもどる血液が流れる。

・動脈血は ⑤ ☐ を多くふくみ，静脈血は ⑥ ☐ を多くふくむ。

2 次の ☐ にあてはまることばを書きましょう。

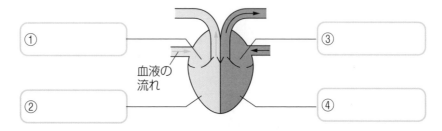

血液の流れ

1 右の図は，ヒトの血液循環のようすを模式的に
表したもので，矢印は血液の流れる方向を示し
ている。これについて，次の問いに答えましょう。

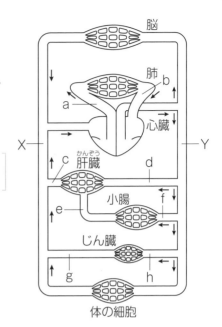

(1) 血液が心臓から出て全身をめぐり，ふたたび心
臓にもどる経路を何といいますか。

[   ]

(2) 図の血管X，Yについて述べた文として正しい
ものを，次から1つ選びなさい。

ア　血管Xは動脈，血管Yは静脈である。

イ　血管Xは静脈，血管Yは動脈である。

ウ　血管Xも血管Yも動脈である。

エ　血管Xも血管Yも静脈である。

血管Xは心臓にもどる血液が流れ，血管Yは
心臓から送り出された血液が流れているね。

[   ]

(3) 血管aを流れる血液について述べた文として正しいものを，次から1つ選びなさい。

ア　酸素を多くふくむ動脈血である。

イ　酸素を多くふくむ静脈血である。

ウ　二酸化炭素を多くふくむ動脈血である。

エ　二酸化炭素を多くふくむ静脈血である。

[   ]

(4) 図のa〜hのうち，ブドウ糖などの栄養分を最も多くふくむ血液が流れている血管は
どれですか。

[   ]

(5) 図のa〜hのうち，尿素などの不要物が最も少ない血液が流れている血管はどれですか。

[   ]

2 次のうち，肝臓とじん臓のはたらきはどれか。それぞれ1つずつ選びましょう。

ア　血液を送り出す。　　　　　イ　栄養分を吸収する。

ウ　酸素をとり入れる。　　　　エ　尿素を血液中からこしとる。

オ　アンモニアを尿素に変える。　カ　尿をためる。

肝臓 [   ]　　じん臓 [   ]

6 光と音を感じとるしくみ
目と耳のつくりとはたらきを理解する

✔チェックしよう！

 目のつくりとはたらき

- レンズ（水晶体）…光を屈折させ，網膜上に像を結ぶ。
- 虹彩…レンズに入る光の量を調節する。
- 網膜…像を結び，光の刺激を受けとる。

 耳のつくりとはたらき

- 鼓膜…音をとらえて振動する。
- 耳小骨…振動を大きくして，うずまき管へ伝える。
- うずまき管…中の液体を振動させ，音の刺激を受けとる。

刺激を受けとる器官を感覚器官というよ。

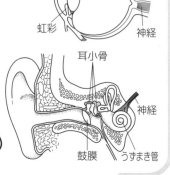

確認問題

 1 次の ◻ にあてはまることばを書きましょう。

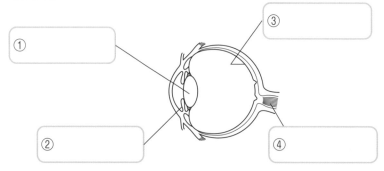

①　②　③　④

 2 次の ◻ にあてはまることばを書きましょう。

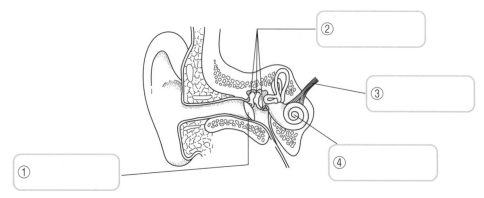

①　②　③　④

1 図1は，ヒトの目の断面を模式的に表したものである。これについて，次の問いに答えましょう。

図1

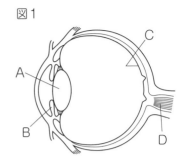

(1) 目は光の刺激を受けとる器官である。目のように刺激を受けとる器官を何といいますか。

[ ]

(2) 次の①～③のはたらきをする部分はどこか。図1のA～Dからそれぞれ選びなさい。また，その部分の名称（めいしょう）を答えなさい。

① 像を結び，光の刺激を受けとる。

記号 [ ] 名称 [ ]

② 光を屈折させて像を結ばせる。

記号 [ ] 名称 [ ]

③ 目に入る光の量を調節する。

記号 [ ] 名称 [ ]

(3) 図2は，正面から見たヒトの目を表したものである。ひとみの大きさは，暗いところではどうなるか。次から1つ選びなさい。

図2 ひとみ

ア 大きくなる。　　イ 小さくなる。　　ウ 変わらない。

[ ]

暗いところでは，目が受けとる光の量をふやさなければならないね。

2 右の図は，ヒトの耳のつくりを模式的に表したものである。これについて，次の問いに答えましょう。

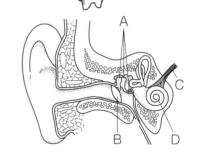

(1) 耳が受けとる外界の刺激は何ですか。

[ ]

(2) (1)の振動によって振動するBの部分を何といいますか。

[ ]

(3) 内部が液体で満たされているDの部分を何といいますか。

[ ]

(4) 図のA～Dを，刺激が伝わる順に並（なら）べなさい。

[　　→　　 →　　 → 　　]

7 刺激と反応
神経と感覚器官をおさえる

✔チェックしよう！

 神経系のつくり
・中枢神経…脳，せきずい
・末しょう神経…感覚神経，運動神経

 意識して起こす反応
・皮膚で刺激を受けたとき
感覚器官→感覚神経→せきずい→脳
　→せきずい→運動神経→筋肉

・目で刺激を受けたとき
感覚器官→感覚神経→脳
　→せきずい→運動神経→筋肉

✌ **無意識に起こる反応…反射**

感覚器官→感覚神経→せきずい→運動神経→筋肉

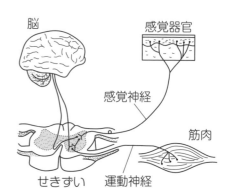

脳　感覚器官
感覚神経
筋肉
せきずい　運動神経

刺激の伝わり方について理解するよ。

確認問題

1 次の文の □ にあてはまることばを書きましょう。

🖐 ・脳や ① など，反応の命令を出す神経を ② 神経という。

🖐 ・感覚神経や運動神経のように，②神経から出て全身に広がっている神経を
③ 神経という。

🖐 ・ ④ 神経は，感覚器官の刺激を②神経に伝え， ⑤
神経は，②神経の命令を筋肉に伝える。

✌ ・意識と無関係に，無意識に起こる反応を ⑥ という。

2 皮膚で刺激を受けて意識して起こした反応の，刺激や命令の信号が伝わる経路
はどうなるか。次の □ にあてはまることばを書きましょう。

皮膚→ ① 神経→ ② →脳→ ③

→ ④ 神経→筋肉

1 右の図は，ヒトの神経を模式的に表したものである。これについて，次の問いに答えましょう。

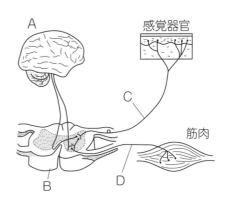

(1) AやBはからだの中で命令を行う役割がある。これらをまとめて何神経といいますか。

[   ] 神経

(2) 図のBを何というか。名称を答えなさい。

[   ]

(3) 図のC，Dの神経を何というか。それぞれ名称を答えなさい。

C [   ]　　D [   ]

(4) 「手をにぎられたのでにぎり返した」という反応の刺激の経路として正しいものを，次から1つ選びなさい。

この反応は意識して起こしているよ。

　ア　感覚器官→C→B→D→筋肉
　イ　感覚器官→C→B→A→B→D→筋肉
　ウ　筋肉→D→B→A→B→C→感覚器官
　エ　筋肉→D→B→C→感覚器官

[   ]

2 「熱いものにふれたとき，思わず手を引っこめた。」という反応は無意識に起こる反応である。この反応について，次の問いに答えましょう。

(1) 刺激に対して無意識に起こる反応を何といいますか。

[   ]

📈 ステップアップ

(2) (1)の反応として正しいものを，次からすべて選びなさい。

　ア　うしろから名前を呼ばれたのでふり向いた。
　イ　自動車が近づいてきたので，道の端へよけた。
　ウ　暗いところから明るいところに出ると，ひとみが小さくなった。
　エ　虫にさされてかゆいと感じたので，手で虫を追いはらった。
　オ　食べ物を口に入れると，だ液が出てきた。

[   ]

無意識に起こる反応に，脳は関係していないんだよ。

注意！

8 運動のしくみ

骨や関節の役割について学ぼう

✔チェックしよう！

☑ 運動のしくみ

- 骨格…ヒトのからだは多数の骨からできていて，この骨が複雑なしくみの骨格をつくっている。
- 関節…骨と骨は関節でつながっている。
- けん…骨についている筋肉の両端の丈夫（じょうぶ）なつくり。関節をまたいだ2つの骨についている。
- 内骨格…ヒトの骨格のように，からだの内部にある骨格のこと。

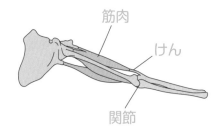

筋肉

けん

関節

ヒトの体には約200個の骨があるよ。

確認問題

1 次の図は，ヒトのうでの骨と筋肉のようすを表したものである。
　□ にあてはまることばを書きましょう。

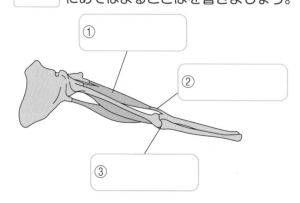

①
②
③

2 次の □ にあてはまることばを書きましょう。

ヒトのからだには背骨を中心とした多数の骨があり，組み合わさったり，

① でつながったりして複雑なしくみの骨格をつくっている。ヒト

の骨格のように，からだ内部にある骨格を ② という。

練習問題

1 右の図は，ヒトのうでの骨と筋肉のようすを表したものである。これについて，次の問いに答えましょう。

のばすとき

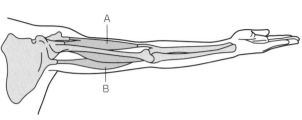

(1) 骨と骨の間を何といいますか。

[   ]

(2) 筋肉の両端にある，骨とつながる部分を何といいますか。

[   ]

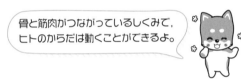

骨と筋肉がつながっているしくみで，ヒトのからだは動くことができるよ。

(3) ヒトには約何個の骨があるか，次から1つ選びなさい。

　ア　20
　イ　200
　ウ　2000
　エ　20000

[   ]

(4) うでを曲げるとき，図のA，Bの筋肉はどのようになるか。次から1つ選びなさい。

　ア　AもBも収縮する。
　イ　AもBもゆるむ。
　ウ　Aは収縮し，Bはゆるむ。
　エ　Aはゆるみ，Bは収縮する。

[   ]

(5) ヒトの骨格のように，からだの内側にある骨格を何といいますか。

[   ]

(6) 節足動物にみられる，からだの外側をおおうかたい殻を何といいますか。

[   ]

1 霧のでき方・雲のでき方

空気が冷やされたり，あたためられたりするときのようすをおさえる

✔チェックしよう！

 霧のでき方

・地表付近で，空気にふくまれる水蒸気が冷やされると，霧が発生する。

・霧は，深夜から早朝の気温の低い頃に見られることが多い。

 雲のでき方

> 霧も雲も，空気中の水蒸気が冷やされてできた小さな水滴の集まりだよ。

上昇気流…上昇する空気の動き

空気が熱せられる，温度の違う空気がぶつかる，山の斜面を上がる

・上昇気流があるところでは，上昇した空気の気圧は低くなり，温度が下がるので，水蒸気の一部が水滴や氷の粒になって，雲ができる。

・上昇気流が起きるとき

地表が熱せられるとき

温度の違う空気がぶつかるとき

山の斜面を空気が上がっていくとき

下降気流…下降する空気の動き

・下降気流があるところでは，下降した空気の気圧は高くなり，温度が上がるので，雲ができにくい。

雲の種類

・雨や雪をあわせて降水という。降水をもたらす雲には，積乱雲や乱層雲がある。

確認問題

1 次の文の ◻ にあてはまることばを書きましょう。

・霧や雲は，水蒸気が冷やされてできた小さな ① ◻ の集まりである。

・上昇気流のあるところでは ② ◻ ができやすい。

2 次の文の ◻ にあてはまることばを書きましょう。

・空気が上昇すると，周りの気圧が ① ◻ なり，気温が ② ◻

なる。よって，③ ◻ や ④ ◻ の粒ができる。

1 右の図のように，丸底フラスコの内部をお湯で
ぬらし，少量の線香のけむりを入れ，そこに大
型の注射器をつないだ。そして，この注射器の
ピストンを押したり引いたりした。これについ
て，次の問いに答えましょう。

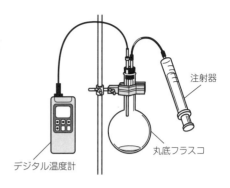

注射器

デジタル温度計　　　　　丸底フラスコ

(1) ピストンを引くと，フラスコの内側が白くく
もった。この白いくもりは何の集まりですか。

(2) (1)の後，ピストンを押したときのフラスコの内側の様子について述べた文として正し
いものを，次から1つ選びなさい。
　　ア　白くくもったままであった。
　　イ　一瞬，白いくもりが消えたが，しばらくするとふたたび白くくもった。
　　ウ　白いくもりが消えた。
　　エ　白いくもりが，より濃くなった。

(3) (1)は，上昇気流と下降気流のどちらと同じ状態と考えられますか。

ピストンを引くと，フラスコの中
の気圧は低くなるよ。

2 ある夏の日，昼間は天気が良く，暑かったが，その夕方に大雨が降った。この雨は，
夕方に発生した積乱雲によるものであった。これについて，次の問いに答えましょう。

(1) 雨や雪といった，水や氷の粒が地表に降ってくることを何といいますか。

↗ ステップアップ

(2) 積乱雲が発生したのは，昼間に地表があたためられ，その後，どのようになったから
ですか。

2 空気中の水蒸気
飽和水蒸気量を理解しよう

解説動画もチェック!

✔チェックしよう!

☝ **飽和水蒸気量**…空気 1m³ 中にふくむことのできる水蒸気の最大量。

✌ **露点**…空気中の水蒸気が凝結して，水滴になり始めるときの温度。

🤟 気温と飽和水蒸気量

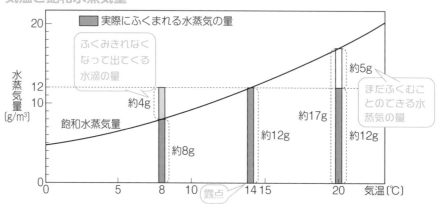

空気中にふくむことのできる水蒸気の量を考えよう。

確認問題

1 次の文の ☐ にあてはまることばを書きましょう。

☝ ・空気 1m³ 中にふくむことのできる水蒸気の最大量を ① ☐ という。

✌ ・空気中の水蒸気が水滴になることを ② ☐ といい，このときの温度を
③ ☐ という。

🤟 **2** 右の図は，気温と飽和水蒸気量の関係をグラフにしたものである。気温 20℃，水蒸気量 12.8g/m³ の空気について，次の問いに答えましょう。

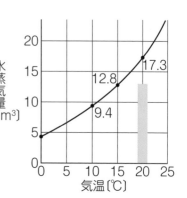

(1) この空気 1m³ 中にまだふくむことのできる水蒸気量は何 g ですか。 ☐ g

(2) この空気の露点は何℃ですか。 ☐ ℃

(3) この空気を 10℃まで下げると，空気 1m³ あたり何 g の水滴ができますか。 ☐ g

1 右の表は，気温と飽和水蒸気量の関係を表したものである。気温16℃，水蒸気量12.1g/m³の空気について，次の問いに答えましょう。

気温〔℃〕	飽和水蒸気量〔g/m³〕
16	13.6
14	12.1
12	10.7
10	9.4
8	8.3

(1) この空気1m³中にまだふくむことのできる水蒸気量は何gですか。

[　　　　　　　　g]

(2) この空気を冷やしていったとき，水滴ができ始める温度は何℃ですか。

[　　　　　　　　℃]

(3) この空気を8℃まで下げると1m³あたり何gの水滴ができますか。

[　　　　　　　　g]

2 右の図は，気温と飽和水蒸気量との関係をグラフに表したものである。これについて，次の問いに答えましょう。

(1) Aの空気1m³中にふくまれる水蒸気量は何gですか。　　[　　　　　g]

(2) Bの空気の露点はおよそ何℃か。次から1つ選びなさい。

　ア　10℃　　イ　15℃
　ウ　20℃　　エ　30℃　　[　　　　]

(3) Dの空気1m³中には，あとおよそ何gの水蒸気をふくむことができるか。次から1つ選びなさい。

　ア　3g　　イ　7g　　ウ　13g　　エ　20g　　[　　　　]

↗ ステップアップ

(4) A〜Eの空気のうち，露点が等しいものはどれか。その組み合わせとして正しいものを，次から1つ選びなさい。

　ア　AとBとC　　イ　BとD　　ウ　CとDとE　　エ　AとE　　[

水蒸気が凝結し始める温度が等しいということだね。

3 地球をめぐる水，風がふくしくみ

水の循環と風のふき方について知ろう

解説動画もチェック！

✔チェックしよう！

📈 地球をめぐる水

・地球上の水は，氷（固体），水（液体），水蒸気（気体）と状態を変化させながら，循環（じゅんかん）をしている。

・水の循環は太陽光のエネルギーが大きく関係している。

📈 高気圧と低気圧

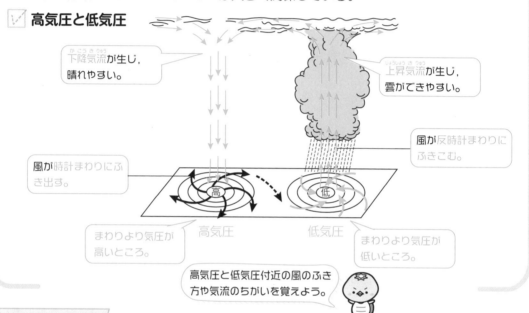

下降気流（かこうきりゅう）が生じ，晴れやすい。

上昇気流（じょうしょうきりゅう）が生じ，雲ができやすい。

風が反時計まわりにふきこむ。

風が時計まわりにふき出す。

まわりより気圧が高いところ。

高気圧

低気圧

まわりより気圧が低いところ。

高気圧と低気圧付近の風のふき方や気流のちがいを覚えよう。

確認問題

1 次の文の ☐ にあてはまることばを書きましょう。

・右の図のAのように，まわりより気圧が高いところを ① ☐ といい，Bのように，まわりより気圧が低いところを ② ☐ という。

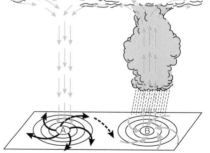

・高気圧では，③ ☐ まわりに風がふき出し，中心付近では ④ ☐ 気流が生じ，晴れやすい。

・低気圧では，⑤ ☐ まわりに風がふきこみ，中心付近では ⑥ ☐ 気流が生じる。

・低気圧の中心付近では，天気は ⑦ ☐ や ⑧ ☐ が多い。

1 右の図は，ある日の日本付近の天気図である。これについて，次の問いに答えましょう。

(1) 図のA，Bをそれぞれ何といいますか。

気圧から考えるよ。

考えよう

A [   ]

B [   ]

(2) 図のA，B付近における風のふき方を表した図として正しいものを，次から1つ選びなさい。

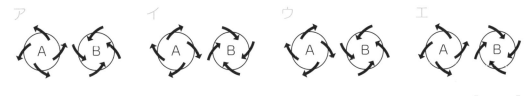

ア   イ   ウ   エ

[   ]

(3) 図のB付近で発生する気流の向きと天気について述べた文として正しいものを，次から1つ選びなさい。

ア　上昇気流が生じ，晴れやすい。

イ　上昇気流が生じ，雲ができやすい。

ウ　下降気流が生じ，晴れやすい。

エ　下降気流が生じ，雲ができやすい。

[   ]

2 右の図は，ある日の日本付近の天気図である。これについて，次の問いに答えましょう。

(1) 高気圧を表しているのは，図のA，Bのうちのどちらか，答えなさい。

[   ]

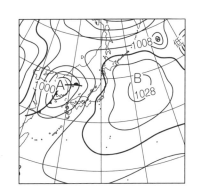

(2) 図のA，Bの地上付近の風のふき方と，気流のようすを表した図として正しいものを，次からそれぞれ選びなさい。

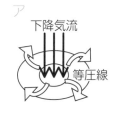    

ア　下降気流　　イ　上昇気流　　ウ　下降気流　　エ　上昇気流

等圧線

A [   ]

B [   ]

4 大気のようす
気団や前線について学ぼう

解説動画も
チェック!

✔チェックしよう!

気団と前線

・気団…気温や湿度がほぼ等しい空気の大きなか
たまり。

・前線面…性質の異なる気団が接する境界面。

・前線…前線面が地表面と交わるところ。

前線の種類

・寒冷前線…寒気が暖気の下にもぐりこみ，暖気
をおし上げながら進む。

・温暖前線…暖気が寒気の上にはい上がり，寒気
をおしながら進む。

・停滞前線…寒気と暖気の勢力がほぼ同じで，ほ
とんど動かない。

・閉そく前線…寒冷前線が温暖前線に追いついて
できる。

〈寒冷前線〉

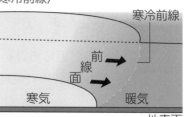

〈温暖前線〉

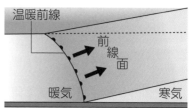

寒冷前線と温暖前線の空気の流
れをおさえるよ。

確認問題

1 次の文の □ にあてはまることばを書きましょう。

・気温や湿度がほぼ等しい空気の大きなかたまりを ① □ という。

・性質の異なる気団が接する境界面を ② □ という。

2 次の問いに答えましょう。

(1) 寒気が暖気の下にもぐりこみ，暖気をおし上げながら進む前線を何といいますか。

□

(2) 暖気が寒気の上にはい上がり，寒気をおしながら進む前線を何といいますか。

□

(3) 寒気と暖気の勢力がほぼ同じで，ほとんど動かない前線を何といいますか。

□

1 次の問いに答えましょう。

(1) 次の ☐ にあてはまることばを答えなさい。

気温や湿度がほぼ等しい空気の大きなかたまりを ① という。また，性質の異なる①が接する境界面を ② ，②が地表面と交わるところを ③ という。

① [   ]　　② [   ]　　③ [   ]

(2) 図1は，暖気と寒気の動きを模式的に表したものである。
図1の前線Pの名称を答えなさい。

[   ]

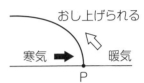
図1
おし上げられる
寒気 ➡　暖気
P

(3) (2)の前線の記号をかきなさい。

[   ]

(4) 図1の暖気と寒気の動きとして正しいものを，次から1つ選びなさい。

ア　寒気が暖気の下にもぐりこむ。

イ　暖気が寒気の上へはい上がる。

ウ　暖気と寒気の勢力がほぼ等しくなっている。

エ　暖気と寒気が混じり合う。

冷たい空気より暖かい空気のほうが軽いね。

[   ]

(5) 図2のQは温暖前線を表している。暖気の進む方向は，A，Bのどちらですか。

[   ]

図2
A ⟵ ⟶ B
暖気　　　寒気
Q

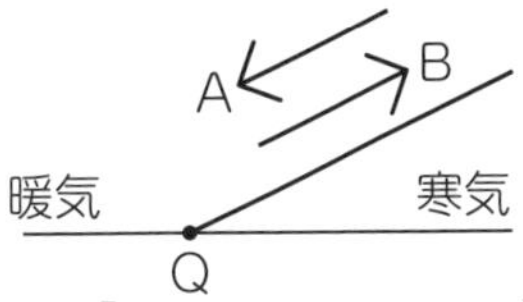

(6) 温暖前線の記号をかきなさい。

[   ]

(7) 寒気と暖気の勢力がほぼ等しく，あまり動かない前線を何といいますか。

[   ]

(8) 図3の記号で表される前線を何といいますか。

[   ]

図3

5 大気の動きによる天気の変化

前線によるちがいをおさえる

✔チェックしよう！

解説動画も
チェック！

 温暖前線（おんだんぜんせん）

・通過時…広い範囲（はんい）で，弱い雨が長時間降（ふ）る。

・通過後…風が東よりから南よりに変わり，気温が上がる。

 寒冷前線（かんれいぜんせん）

・通過時…せまい範囲で，強い雨が短時間降る。

・通過後…風が南よりから北よりに変わり，気温が急に下がる。

〈温帯低気圧と前線〉

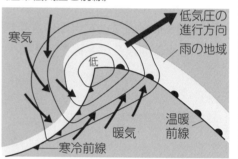

低気圧の
進行方向

雨の地域

寒気

低

暖気

温暖
前線

寒冷前線

温暖前線と寒冷前線の通過にと
もなう天気の変化を覚えるよ。

確認問題

1 次の □ にあてはまることばを書きましょう。

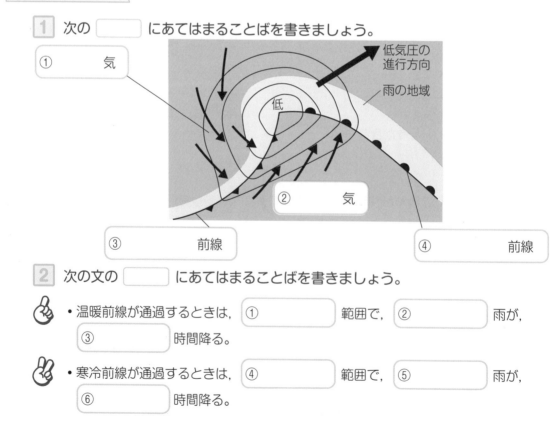

① ____ 気

② ____ 気

③ ____ 前線

④ ____ 前線

低気圧の
進行方向

雨の地域

低

2 次の文の □ にあてはまることばを書きましょう。

・温暖前線が通過するときは，① ____ 範囲で，② ____ 雨が，③ ____ 時間降る。

・寒冷前線が通過するときは，④ ____ 範囲で，⑤ ____ 雨が，⑥ ____ 時間降る。

1 右の図は，前線をともなう低気圧を表した
ものである。これについて，次の問いに答
えましょう。

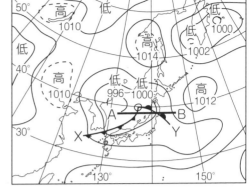

(1) Xの前線を何といいますか。

[　　　　　　　　]

(2) Yの前線が通過したあとの天気として正し
いものを，次から1つ選びなさい。

ア 気温が上がり，南よりの風がふく。
イ 気温が上がり，北よりの風がふく。
ウ 気温が下がり，南よりの風がふく。
エ 気温が下がり，北よりの風がふく。

[　　　]

(3) 図のA－B間における前線面の断面のようすを正しく表しているものを，次から1つ
選びなさい。

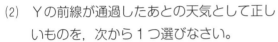

ア　　　　　　　イ　　　　　　　ウ　　　　　　　エ

A 寒気 暖気 寒気 B　A 暖気 寒気 暖気 B　A 寒気 暖気 寒気 B　A 暖気 寒気 暖気 B

[　　　]

2 右の図は，ある日の気象観測の結果
をまとめたものである。これについ
て，次の問いに答えましょう。

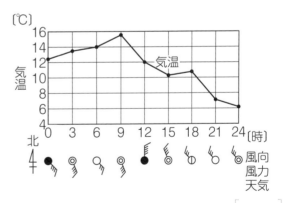

(1) 寒冷前線が通過した時間として正し
いものを，次から1つ選びなさい。

ア 6時から9時までの間
イ 9時から12時までの間
ウ 15時から18時までの間
エ 18時から21時までの間

[　　　]

↗ ステップアップ

(2) (1)のように判断した理由を簡単に書きなさい。

[　　　　　　　　　　　　　　　　　　　　　　　　　]

気温と風向に着
目して考えよう。

考えよう

6 陸と海の間の大気の動き

季節風と偏西風のちがいについて学ぼう

✔チェックしよう！

 偏西風…日本の上空を1年中ふく西風。

→日本の天気が西から東へ変わっていくのは，偏西風の影響による。

 季節風…季節によって特徴的な風。

→日本では，冬は北西，夏は南東の季節風がふく。

海風と陸風

・海風…昼に，海から陸に向かってふく風。

・陸風…夜に，陸から海に向かってふく風。

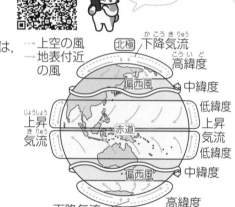

…上空の風
→地表付近の風

北極 下降気流 高緯度
偏西風 中緯度
低緯度
上昇気流 赤道 上昇気流 低緯度
偏西風 中緯度
下降気流 南極 高緯度

昼 海風
気圧低　気圧高

夜 陸風
気圧高　気圧低

風のふき方を覚えるよ。

確認問題

1 次の文の □ にあてはまることばを書きましょう。

 ・日本の上空を1年中ふく西風を ① [　　　] という。

 ・日本の天気が西から ② [　　　] へ変わっていくのは①の影響による。

 ・季節によって特徴的な風を ③ [　　　] という。日本では，冬は

④ [　　　]，夏は ⑤ [　　　] の③がふく。

 ・昼に，海から陸に向かってふく風を ⑥ [　　　] という。

 ・夜に，陸から海に向かってふく風を ⑦ [　　　] という。

2 次の問いに答えましょう。

(1) 昼は，陸上と海上では，どちらの温度が高くなりますか。 [　　　]

(2) 夜は，陸上と海上では，どちらの気圧が高くなりますか。 [　　　]

1 次の問いに答えましょう。

(1) 次の □ にあてはまることばの組み合わせとして正しいものを，あとのア〜エから1つ選びなさい。

日本の上空には ① とよばれる ② 風がつねにふいている。この風によって，日本付近の低気圧や移動性高気圧は ③ へ移動することが多いため，日本の天気は③に変わることが多い。

ア ①季節風 ②東 ③東から西 イ ①偏西風 ②東 ③東から西
ウ ①季節風 ②西 ③西から東 エ ①偏西風 ②西 ③西から東

[ ]

(2) (1)の①にあてはまる風のふき方として正しいものを，次から1つ選びなさい。

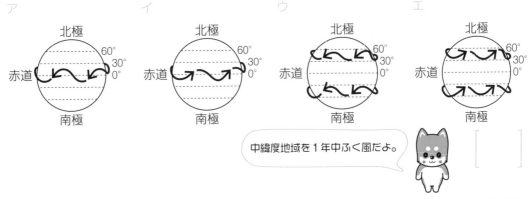

中緯度地域を1年中ふく風だよ。

[ ]

(3) 日本で，夏の季節風がふく向きを表したものとして正しいものを，次から1つ選びなさい。

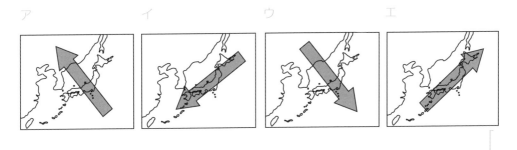

[ ]

(4) 陸風と海風について正しいものを，次から1つ選びなさい。

ア 昼は陸上の気温が高くなり，気圧が下がって，海から陸へ向かって風がふく。
イ 昼は陸上の気温が低くなり，気圧が上がって，陸から海へ向かって風がふく。
ウ 夜は海上の気温が高くなり，気圧が下がって，海から陸へ向かって風がふく。
エ 夜は海上の気温が低くなり，気圧が上がって，陸から海へ向かって風がふく。

[ ]

7 日本の天気

日本の四季の特徴

✔チェックしよう！

 日本付近の気団

・シベリア気団…冷たく乾燥した気団。
　冬に発達する。

・小笠原気団…あたたかく湿った気団。
　夏に発達する。

・オホーツク海気団…冷たく湿った気団。
　小笠原気団との間に梅雨前線ができる。

 日本の四季

・冬…西高東低 の気圧配置となる。

・夏…南高北低 の気圧配置となる。

・春・秋…移動性高気圧と温帯低気圧が交互に西から東へ移動する。

・梅雨…オホーツク海気団と小笠原気団の勢力がつり合って停滞前線ができる。

気団の性質のちがいを覚えよう。

[図] シベリア気団（寒冷・乾燥）／オホーツク海気団（低温・湿潤）／小笠原気団（高温・湿潤）

確認問題

 1 次の □ にあてはまることばを書きましょう。

① □ 気団　冷たく乾燥している。

② □ 気団　冷たく湿っている。

③ □ 気団　あたたかく湿っている。

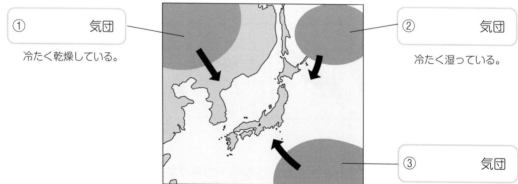

2 次の問いに答えましょう。

(1) 冬の気圧配置は，西の大陸上で高気圧が発達し，東の太平洋上で低気圧が発達する。このような気圧配置を何といいますか。 □

(2) 夏の日本列島は，小笠原高気圧におおわれ，北側に低気圧が見られる。夏によく見られるこのような気圧配置を何といいますか。 □

1 右の図は，梅雨前線に関係する２つの気団を表している。これについて，次の問いに答えましょう。

(1) Xの気団名を答えなさい。

[   ]

(2) Yの気団の性質として正しいものを，次から１つ選びなさい。

ア あたたかく乾燥している。

イ あたたかく湿っている。

ウ 冷たく乾燥している。

エ 冷たく湿っている。

[   ]

2 次の □ にあてはまることばの組み合わせとして正しいものを，あとから１つ選びましょう。

夏になると日本付近では ① が１年中で最も発達し，② の季節風がふくことが多く，蒸し暑い晴れの日が続く。一方，冬になると日本付近では ③ が発達し ④ の気圧配置がしばしば現れ，日本海側では雪，太平洋側では晴れの天気になることが多い。

ア ①小笠原気団　　②北西　　③シベリア気団　　④西高東低

イ ①シベリア気団　②北西　　③小笠原気団　　　④南高北低

ウ ①小笠原気団　　②南東　　③シベリア気団　　④西高東低

エ ①シベリア気団　②南東　　③小笠原気団　　　④南高北低

[   ]

3 次のA〜Dの天気図は，春，夏，冬，梅雨のいずれかを表している。これについて，あとの問いに答えましょう。

A
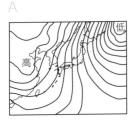

B
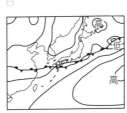

C
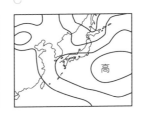

D
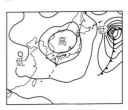

(1) A〜Dのうち，夏と冬の天気図はどれか。それぞれ記号で選びなさい。

夏 [   ]　冬 [   ]

(2) A〜Dのうち，停滞前線が日本列島付近に停滞し，長雨となっているのはどれですか。

[   ]

気圧配置から考えるよ。

1 回路と電流
回路を記号を使ってかいてみよう

✔チェックしよう！

 回路

- 直列回路…枝分かれしていなくて，電流の流れる道すじが１本だけの回路。
- 並列回路…枝分かれしていて，電流の流れる道すじが２本以上ある回路。
- 回路図…電気用図記号を用いて，回路全体を表した図。

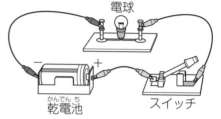
電球
乾電池　スイッチ

電気用図記号

電源 （電池）	┤├ (−極)(+極)	スイッチ	╱ ╴
電球	⊗	電流計	Ⓐ
抵抗	▭	電圧計	Ⓥ

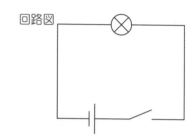
回路図

回路図のかきかたと，電気用図記号を覚えよう。

確認問題

 1 右の回路の回路図をかきましょう。

2 次の①〜⑥の電気用図記号が表すものを書きましょう。

┤├	①	⊗	②	▭	③
╱╴	④	Ⓐ	⑤	Ⓥ	⑥

1 次の回路の回路図をかきましょう。

(1)

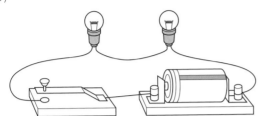

(2)

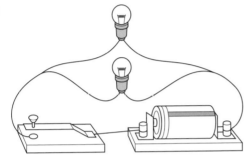

2 右の回路図を見て、次の問いに
答えましょう。

A 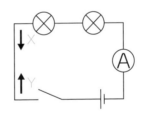   B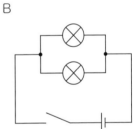

(1) Aのような回路を何回路とい
いますか。 [　　　　回路]

(2) Bのような回路を何回路といいますか。 [　　　　回路]

(3) Aの回路で、電流の流れる向きは、X，Yのどちらですか。 [　　　]

電流は、電池の＋極から出て
－極にもどるよ。

(4) Aの回路図にある電気用図記号Ⓐが表すものは何ですか。 [　　　]

2 回路を流れる電流

直列回路と並列回路での電流の規則をおさえる

✔チェックしよう!

📈 直列回路と並列回路の電流 (I: 電流)

直列回路

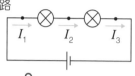

$$I_1 = I_2 = I_3$$

並列回路

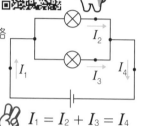

$$I_1 = I_2 + I_3 = I_4$$

📈 電流計の使い方

電流計…回路に直列につなぐ。

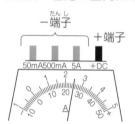

電流の単位は mA や A だよ。

✌電流計の読み方

つないでいる−端子が

50mA のとき　→ 25.0mA

500mA のとき→ 250mA

5A のとき　　→ 2.50A

確認問題

1 次の直列回路と並列回路の電流 (I) の関係について，□にあてはまる記号を書きましょう。

 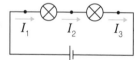

 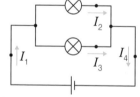

I_1 ①　　　I_2 ②　　　I_3

I_1 ③　　　I_2 ④　　　I_3 ⑤　　　I_4

2 次のように−端子をつないだとき，電流計は何 A または何 mA を示していますか。

(1)

50mA の端子につないだとき

[　　　　　mA　　　　　]

(2)

500mA の端子につないだとき

[　　　　　mA　　　　　]

(3)

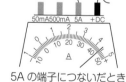

5A の端子につないだとき

[　　　　　A　　　　　]

1 次の回路図で，点 P を流れる電流の大きさを求めましょう。

(1)
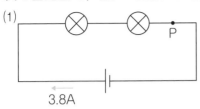
3.8A

[A]

(2) 1.6A

P

[A]

(3)
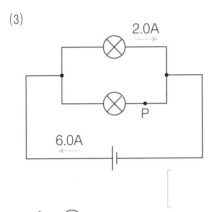
2.0A

P

6.0A

[A]

(4) 3.6A

1.2A

P

[A]

> ポイント
>
> 直列回路では，電流はどこも同じだよ。

2 電流計や電圧計について，次の問いに答えましょう。

(1) ある回路の電流を電流計ではかったら，右の図のようにふれた。このときの電流計が示す値は何 mA か，答えなさい。

導線

□の部分を拡大したもの

50mA 500mA 5A ＋D.C

[mA]

↗ ステップアップ

(2) 流れている電流の大きさがわからないとき，－極側の導線は，電流計のどの端子につなげばよいですか。

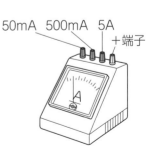
50mA 500mA 5A ＋端子

[の端子]

3 回路に加わる電圧

直列回路と並列回路での電圧の規則をおさえる

✔チェックしよう！

解説動画もチェック！

📈 直列回路と並列回路の電圧 (V: 電圧)

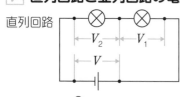

直列回路

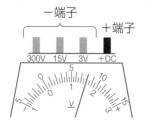

$$V = V_1 + V_2$$

並列回路

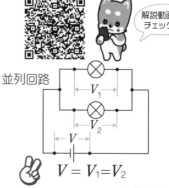

$$V = V_1 = V_2$$

📈 電圧計の使い方

電圧計…回路に並列につなぐ。

－端子　＋端子

電圧の単位はVだよ。

✋ **電圧計の読み方**

つないでいる－端子が

300V のとき→ 160V

15V のとき→ 8.0V

3V のとき　→ 1.60V

確認問題

1 次の直列回路と並列回路の電圧 (V) の関係について，□ にあてはまる記号を書きましょう。

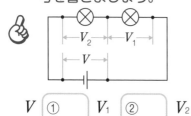

V ①　　V_1 ②　V_2

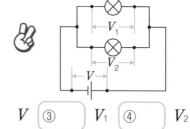

V ③　　V_1 ④　V_2

✌ **2** 次のように－端子をつないだとき，電圧計は何 V を示していますか。

(1)

300V の端子につないだとき

[　　　V 　　　]

(2)

15V の端子につないだとき

[　　　V 　　　]

(3)

3V の端子につないだとき

[　　　V 　　　]

1 次の回路図で，Pの電圧を求めましょう。

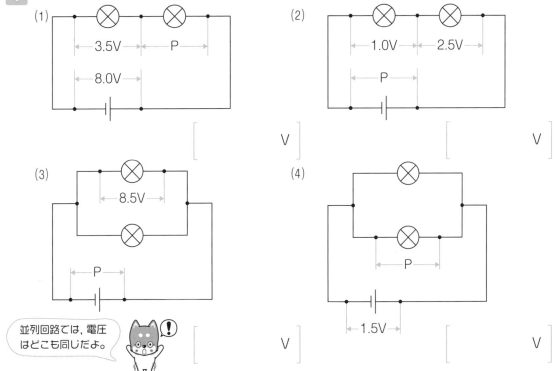

(1)
3.5V　P
8.0V

[　　　] V

(2)
1.0V　2.5V
P

[　　　] V

(3)
8.5V
P

並列回路では，電圧
はどこも同じだよ。

[　　　] V

(4)
P
1.5V

[　　　] V

2 電流計や電圧計について，次の問いに答えましょう。

(1) 下の図のAは電流計，Bは電圧計である。回路にAとBをそれぞれつなぐと，電流計は140mAを，電圧計は2.20Vを示した。このときの針を図にかきこみなさい。

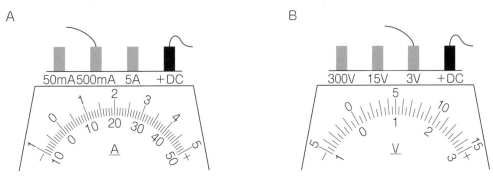

A
50mA 500mA 5A ＋DC

B
300V 15V 3V ＋DC

(2) 電流計と電圧計をつないだ回路図として正しいものを，次から1つ選びなさい。

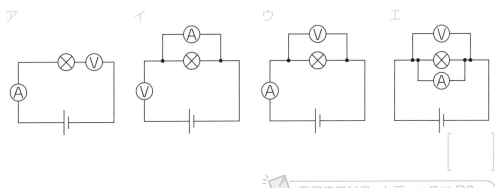

ア　　　イ　　　ウ　　　エ

[　　　]

4 電圧と電流の関係

オームの法則を理解しよう

✔チェックしよう！

📈 オームの法則

電熱線を流れる電流は，電熱線の両端に加わる電圧に比例する。

・抵抗…電流の流れにくさ。単位はオーム（記号Ω）。

 抵抗〔Ω〕＝ $\dfrac{電圧〔V〕}{電流〔A〕}$

✌ 電流〔A〕＝ $\dfrac{電圧〔V〕}{抵抗〔Ω〕}$

🖐 電圧〔V〕＝抵抗〔Ω〕× 電流〔A〕

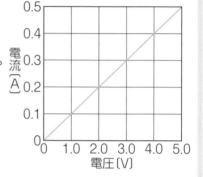

電流と電圧，抵抗の関係を覚えよう。

確認問題

1 次の文の ▭ にあてはまることばや記号を書きましょう。

• 電熱線を流れる電流は，電熱線の両端に加わる電圧に ① ▭ する。これを，② ▭ の法則という。

• 電流の流れにくさを ③ ▭ といい，単位の記号は ④ ▭ で表される。

2 次の問いに答えましょう。

 (1) 8Vの電圧を加えたとき，2Aの電流が流れる電熱線の抵抗の大きさは何Ωですか。

▭ Ω

✌ (2) 抵抗が20Ωの電熱線に10Vの電圧を加えると，電熱線には何Aの電流が流れますか。

▭ A

🖐 (3) 抵抗が10Ωの電熱線に3Aの電流が流れているとき，電熱線の両端には何Vの電圧が加わっていますか。

▭ V

☝ (4) 8Vの電圧を加えたとき，400mAの電流が流れる電熱線の抵抗の大きさは何Ωですか。

▭ Ω

400mA＝0.4A だよ。

1 次の回路で，抵抗の大きさを求めましょう。

(1)
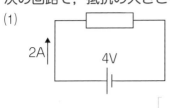

[　　　　　] Ω

(2)
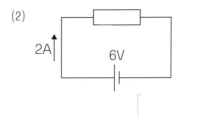

[　　　　　] Ω

(3)
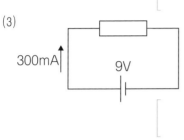

[　　　　　] Ω

(4)
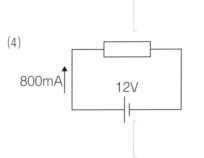

[　　　　　] Ω

2 次の回路で，回路に流れる電流の大きさを求めましょう。

(1)
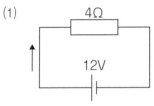

[　　　　　] A

(2)
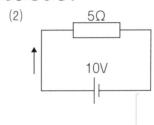

[　　　　　] A

(3)
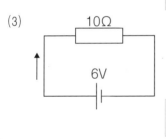

[　　　　　] A

(4)
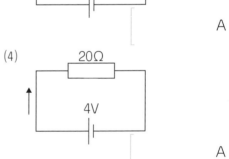

[　　　　　] A

3 次の回路で，抵抗に加わる電圧の大きさを求めましょう。

(1)
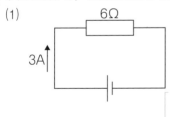

[　　　　　] V

(2)
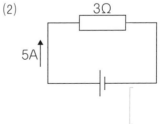

[　　　　　] V

(3)
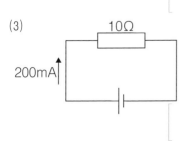

[　　　　　] V

(4)
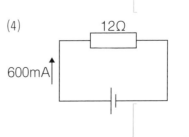

[　　　　　] V

5 電力と熱量

電流のはたらきを表す量をおさえる

✔チェックしよう！

 電流による発熱の実験

電熱線を用いて，図のような装置をつくり，電熱線に一定の電圧を加えた。1分ごとに水の温度を記録しながら，3分間電流を流し，その結果を表にまとめた。

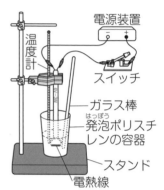

時間〔分〕	0	1	2	3
水温〔℃〕	21.4	22.0	22.6	23.2
上昇温度〔℃〕	0	0.6	1.2	1.8

⇒水の上昇温度は，時間に比例することがわかる。

電力…電気器具の能力を示す量。単位はワット（記号 W）。

 電力〔W〕＝電圧〔V〕×電流〔A〕

熱量…電熱線に電流を流したとき，電熱線から発生する熱の量。
単位はジュール（記号 J）。

 熱量〔J〕＝電力〔W〕×時間〔s〕

> 時間の単位「秒」を表す文字には，s が使われるよ。

確認問題

 1 次の問いに答えましょう。

(1) 電熱線に 4V の電圧を加えたところ，電熱線に 2A の電流が流れた。このとき，電熱線が消費する電力は何 W ですか。

[　　　　　　W]

(2) 電熱線に 6V の電圧を加えたところ，電熱線に 0.5A の電流が流れた。このとき，電熱線が消費する電力は何 W ですか。

[　　　　　　W]

2 次の問いに答えましょう。

(1) 電熱線に 6V の電圧を加えて，0.5A の電流を 1 分間流した。このとき，電熱線から発生した熱量は何 J ですか。

[　　　　　　J]

(2) 電熱線に 1.5V の電圧を加えて，300mA の電流を 3 分間流した。このとき，電熱線から発生した熱量は何 J ですか。

[　　　　　　J]

1 6Vの電圧を加えたときの消費電力が9Wの電熱線に6Vの電圧を加えた。このとき，次の問いに答えましょう。

(1) 電熱線に流れる電流は何Aですか。

$$\begin{array}{|c} \\ A \\ \end{array}$$

(2) 電熱線の抵抗（ていこう）は何Ωですか。

$$\begin{array}{|c} \\ Ω \\ \end{array}$$

(3) この電熱線に1分間電流を流したとき，電熱線から発生する熱量は何Jですか。

$$\begin{array}{|c} \\ J \\ \end{array}$$

2 抵抗が2Ωの電熱線を用いて，図のような装置をつくり，電熱線に6Vの電圧を加えた。表は，1分ごとの水の温度をまとめたものである。このとき，あとの問いに答えましょう。ただし，電熱線から発生した熱は，すべて水の温度上昇に使われたものとします。

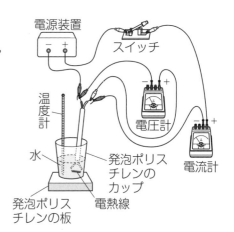

時間〔分〕	0	1	2	3
水の温度〔℃〕	21.0	21.8	22.6	23.4

(1) 電熱線に流れる電流は何Aですか。

$$\begin{array}{|c} \\ A \\ \end{array}$$

(2) 電熱線が消費する電力は何Wですか。

$$\begin{array}{|c} \\ W \\ \end{array}$$

(3) 電熱線に3分間電流を流したとき，電熱線から発生した熱量は何Jですか。

$$\begin{array}{|c} \\ J \\ \end{array}$$

↗ ステップアップ

(4) 電熱線に，6分間電流を流したとき，水の温度はおよそ何℃上昇していると考えられますか。

$$\begin{array}{|c} \\ ℃ \\ \end{array}$$

水の上昇温度は，時間に比例しているよ。

6 静電気と放電
静電気の発生のしくみを学ぼう

✔チェックしよう！

📈 静電気（せいでんき）

【実験】 図のような，ストローが軽く回転できる装置をつくり，ストローの先Aをティッシュペーパーでこすった。また，別のストローの先Bをティッシュペーパーでこすり，Bや，BをこすったティッシュペーパーをAに近づけた。

・Bを近づけると，Aが離れ（はな）ていく。
　⇒AとBは，どちらも−の電気を帯びているから。

・ティッシュペーパーを近づけると，Aがティッシュペーパーに近づく。

　⇒Aは−の電気を帯びていて，ティッシュペーパーは＋の電気を帯びているから。

✌ 静電気…２種類の物質をこすり合わせることで生じる電気。一方が＋の電気を，もう一方が−の電気を帯びる。

> ＋と−のどちらの電気を帯びているのかを，ストローの動きから考えよう。

✌ 電気の力（電気力）…同じ種類の電気の間にしりぞけ合う力がはたらく。ちがう種類の電気の間には引き合う力がはたらく。

📈 放電

静電気が空間を移動したり，たまっていた静電気が流れ出したりする現象。

確認問題

1 次の文の □ にあてはまることばを書きましょう。

✌ ・２種類の物質をこすり合わせることで生じる電気を ① □ という。このとき，一方は＋の電気を，もう一方は ② □ を帯びる。

・電気が空間を移動したり，たまっていた電気が流れ出したりする現象を ③ □ という。

✌ 2 右の図で，−の電気を帯びたストローAに，−の電気を帯びたストローBを近づけたときの，ストローAのようすとして正しいものを，次から１つ選びましょう。

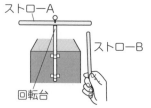

　ア　ストローBに近づく。　　イ　ストローBから離れる。
　ウ　動かない。

□

1 電気の性質を調べるために，次のような実験を行った。これ
について，あとの問いに答えましょう。

【実験Ⅰ】 同じ素材のストローA，Bを糸でつるしたところ，図
1のようになった。次に，AとBを同時にティッシュ
ペーパーでこすった。

【実験Ⅱ】 実験Ⅰのあと，ストローBをはずし，ストローAに毛
皮でこすったポリ塩化ビニルの棒を近づけたところ，
図2のように，ストローAとポリ塩化ビニルの棒は離
れた。また，綿の布でこすったガラス棒をストローA
に近づけたところ，図3のように，ストローAとガラ
ス棒は引き合った。

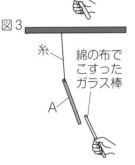

(1) 実験Ⅰで，ティッシュペーパーでこすったあとの，ストローA，
Bのようすとして正しいものを，次から1つ選びなさい。

　ア　ストローAとストローBは引き合う。

　イ　ストローAとストローBはしりぞけ合う。

　ウ　ティッシュペーパーでこする前と同じように動かない。

(2) 実験Ⅱで，ポリ塩化ビニルの棒とガラス棒に帯びた電気につ
いて正しく述べたものを，次から1つ選びなさい。

　ア　ポリ塩化ビニルの棒とガラス棒は，どちらもストローAと同じ種類の電気を帯び
ている。

　イ　ポリ塩化ビニルの棒は，ストローAと同じ種類の電気を帯びているが，ガラス棒
はストローAとちがう種類の電気を帯びている。

　ウ　ポリ塩化ビニルの棒は，ストローAとちがう種類の電気を帯びているが，ガラス
棒はストローAと同じ種類の電気を帯びている。

　エ　ポリ塩化ビニルの棒とガラス棒は，どちらもストローAとちがう種類の電気を帯
びている。

📈 ステップアップ

(3) ストローBが－の電気を帯びていたとすると，実験Ⅱで，ポリ塩化ビニルの棒をこすっ
た毛皮や，ガラス棒をこすった綿の布は，それぞれ＋，－どちらの電気を帯びていま
すか。　　　　　　　　　　　　　　　　　　　　　毛皮　　　　　綿の布

ポリ塩化ビニルの棒やガラス棒が
帯びている電気を考えよう。

考えよう

7 静電気と電流の関係

第4章 電流とその利用

静電気と電流の関係
電流の流れを学ぼう

解説動画も
チェック!

✔チェックしよう!

☑ 電流の流れ

・真空放電…気圧を低くした空間の中を電流が
流れる現象。

・陰極線（電子線）…－の電気を帯びたものが
蛍光板を光らせてできる線。

・電子…－の電気を帯びた，質量をもつ小さな
粒子。－極から出て直進する。陰極線は電子の流れである。

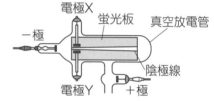

☑ 静電気と電流の関係

・陰極線は－極から＋極に向かって出るので，
電流の流れる方向とは逆になっている。

電極 X，Y に電圧を加えると，陰
極線は＋極側に曲がって進むよ。

確認問題

1 次の文の ☐ にあてはまることばや記号を書きましょう。

• 気圧を低くした空間の中を電流が流れる現象を ① ［　　　　］ という。

• 真空放電管では一極から，② ［　　　　］ を帯びたものが放電され，
③ ［　　　　］ を光らせる。

• 電子は，④ ［　　　　］ の電気を帯びた小さな粒子で ⑤ ［　　　　］ 極から出
て直進する。

2 真空放電管に蛍光板を入れて，電極間に電流を加えた。このとき，次の問いに
答えましょう。

(1) 蛍光板を光らせる，光のすじを何といいますか。 ［　　　　］

(2) (1)は，何極から何極に向かって進みますか。

［　　　　］極から ［　　　　］極

1 図1のようなクルックス管（真空放電管）で，電極Aが－極に，電極Bが＋極になるように電圧を加えると，蛍光板に明るいすじが見えた。これについて，次の問いに答えましょう。

図1
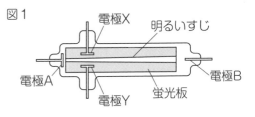

(1) 小さな粒子の性質として正しいものを，次から1つ選びなさい。

　　ア　＋の電気を帯びている。

　　イ　＋極から出る。

　　ウ　質量をもたない。

　　エ　直進する。

(2) 図1で，電極AB間の電流の流れについて正しいものを，次から1つ選びなさい。

　　ア　電極Aから電極Bの向きに流れる。

　　イ　電極Bから電極Aの向きに流れる。

　　ウ　電極Aから電極B，電極Bから電極Aの向きに交互に流れる。

　　エ　電流は流れていない。

(3) 電極X，Yに電圧を加えると，明るいすじは図2のように曲がった。電極X，Yはそれぞれ何極か。次から1つ選びなさい。

図2
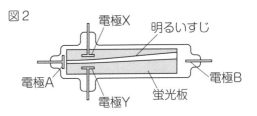

　　ア　電極X，電極Yはともに＋極である。

　　イ　電極X，電極Yはともに－極である。

　　ウ　電極Xは＋極，電極Yは－極である。

　　エ　電極Xは－極，電極Yは＋極である。

↗ ステップアップ

(4) 図2のように，明るいすじが曲がったのはなぜか。その理由を簡単に書きなさい。

ちがう種類の電気は引き合うよ。

8 電流の正体・放射線
放射線について知ろう

✅チェックしよう！

解説動画も
チェック！

👆 電流の正体

電流の正体は，電子の流れである。－の電気をもった電子が－極から出て，＋極へ引き寄せられて移動している。

✌ 放射線 (ほうしゃせん)

電子の流れる向きと，電流の流れる向きは逆になっているんだよ。

・X 線…放電管から最初に発見された放射線。

・放射線の種類…X 線のほかにも，α 線(アルファ)，β 線(ベータ)，γ 線(ガンマ)などがある。

・放射線の性質…目には見えず，物質を透過する（通り抜ける）性質がある。レントゲン検査などに利用されている。

・放射性物質(ほうしゃせいぶっしつ)…放射線を出す物質。

・放射能(ほうしゃのう)…放射線を出す能力。

X 線はドイツの科学者レントゲンが発見したんだよ。

確認問題

👆 1 次の文の □ にあてはまることばや記号を書きましょう。

・電流の正体は ① の流れであり，①が ② 極から出て ③ 極へ移動している。

✌ 2 次の文の □ にあてはまることばを書きましょう。

・放電管から最初には発見された放射線は ① である。

・放射線には，物質を ② する性質があり，医療などさまざまなところで利用されている。

・放射線を発生させる物質を ③ といい，放射線を出す能力を ④ という。

1 図1の回路のPの部分の導線を拡大して模式的に表したものが図2である。これについて，次の問いに答えましょう。

図1

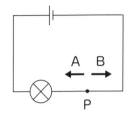

(1) 図2の止まっている大きな粒子と，動き回っている小さな粒子は異なる電気をもつ。小さな粒子は何ですか。

(2) (1)の小さな粒子がもっている電気は何ですか。

の電気

図2

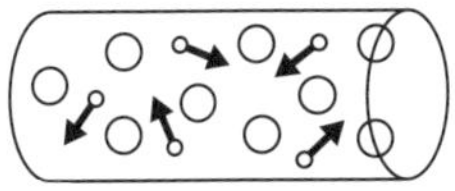

(3) 図1の回路に電流を流したとき，小さな粒子の進む向きは図1のAとBのどちらか。

(4) 電流と(1)の小さな粒子について正しいものを，次から1つ選びなさい。
　ア　電流と小さな粒子はともに＋極から−極に流れる。
　イ　電流と小さな粒子はともに−極から＋極に流れる。
　ウ　電流は＋極から−極に流れ，小さな粒子は−極から＋極に流れる。
　エ　電流は−極から＋極に流れ，小さな粒子は＋極から−極に流れる。

電流の正体は，電子の流れだったけど，流れる向きは逆だったね。

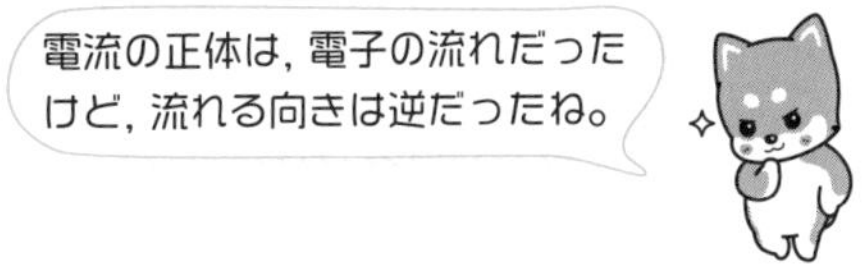

2 放射線について，次の問いに答えましょう。

(1) 最初に発見された放射線は何ですか。

(2) ウラン，ポロニウム，ラジウムなどの放射線を出す物質を何といいますか。

📈 ステップアップ

(3) 放射線をからだに，ある量以上あびるとどうなりますか。簡単に説明しなさい。

9 磁石の性質とはたらき

磁石の基本的な性質と磁界のしくみを学ぼう

解説動画も
チェック！

✔チェックしよう！

磁石の性質

・磁石にはN極とS極がある。

・2つの磁石の同じ極どうしを近づけると，反発しあう。

・2つの磁石の異なる極どうしを近づけると，引き合う。

磁界

・磁力…磁石による力。

・磁界…磁力のはたらく空間。

・磁界の向き…方位磁針のN極がさす向き。

・磁力線…磁石のN極からS極へ向かう，磁力のはたらく方向を表す線。線の間隔がせまいほど，磁界が強い。

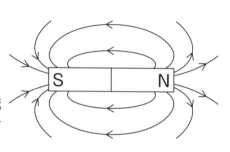

磁力線の矢印の向きは，方位磁針のN極がさす向きだよ。

確認問題

 1 次の文の □ にあてはまることばを書きましょう。

・磁石にはN極と ① □ がある。

・2つの磁石で，同じ極どうしを近づけると ② □ が，異なる極どうしを
近づけると ③ □ 。

 2 次の文の □ にあてはまることばを書きましょう。

・磁石のまわりの磁力のはたらいている空間を ① □ という。

・磁石のまわりに置いた方位磁針の ② □ 極が指す向きが，
③ □ の向きである。

・③の向きを，磁石のN極からS極までつないでできる線を ④ □
といい，⑤ □ 極と ⑥ □ 極を結ぶ曲線になる。

1 右の図は磁石のまわりの磁力線を表したものである。これについて，次の問いに答えましょう。

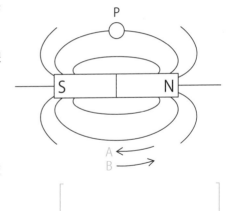

(1) 磁石のまわりに鉄粉をまくと，鉄粉が磁力線と同じ向きを向く。このとき鉄粉にはたらく力を何といいますか。

[　　　　　　]

(2) 磁力線の間隔がせまいほど，磁力はどうなりますか。

[　　　　　　]

(3) 図の磁力線の向きは，AとBのどちらですか。

[　　　　　　]

(4) 図のPの位置に方位磁針をおいたとき，方位磁針のようすとして正しいものを，次から1つ選びなさい。

[　　　　　　]

↗ ステップアップ

(5) 2つの磁石のN極どうしを近づけたとき，磁力線のようすとして正しいものを，次から1つ選びなさい。

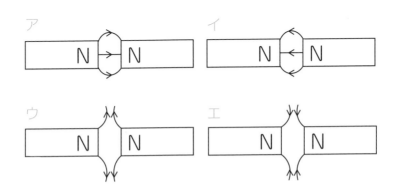

2つの磁石の同じ極どうしを近づけると反発しあうよ。

[　　　　　　]

10 電流がつくる磁界

電流がつくる磁界を覚える

✔ チェックしよう！

解説動画も
チェック！

👆 電流がつくる磁界

・電流による導線のまわりの磁界

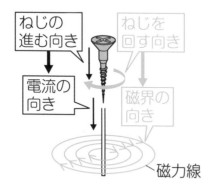

電流の向きと磁界の向きの
関係を覚えようね。

・電流によるコイルのまわりの磁界

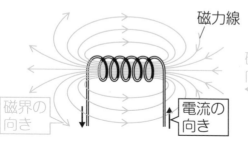
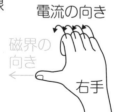

確認問題

1 次の図で，磁界の向きは a，b のどちらですか。

(1)

(2)
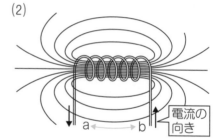

1 次の図で，①〜⑦に置いた方位磁針のようすを，それぞれ選びましょう。

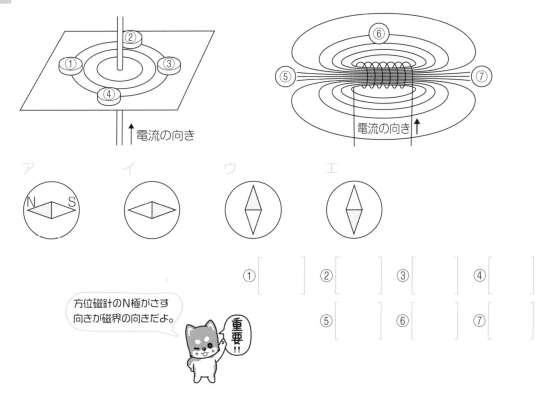

電流の向き

ア　　　　イ　　　　ウ　　　　エ

①[　　　]　②[　　　]　③[　　　]　④[　　　]

方位磁針のN極がさす
向きが磁界の向きだよ。

重要!!

⑤[　　　]　⑥[　　　]　⑦[　　　]

2 右の図は，コイルに電流を流したときにできる
磁界のようすを表したもので，矢印は磁界の向
きを表している。これについて，次の問いに答
えましょう。

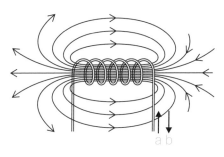

(1) 磁界のようすを表した，矢印のついた線を何
といいますか。　[　　　　　　　　]

(2) 磁界の向きが図のようになるとき，流れる電流の向きは a，b のどちらの向きですか。

[　　　　　　]

↗ ステップアップ

(3) (1)の間隔と磁界について正しいものを，次から1つ選びなさい。

ア　線の間隔がせまいところほど，磁界が弱いことを示している。

イ　線の間隔がせまいところほど，磁界が強いことを示している。

ウ　線の間隔と磁界の強さは関係がない。

[　　　　　　]

11 モーターと発電機のしくみ

電流が磁界から受ける力を学ぼう

✓チェックしよう！

 電流が磁界から受ける力

【実験】図1のように，U字形磁石の磁界の中に導線をつるし電流を流すと，導線が矢印の方向に動いた。

・電流の向きを逆にすると，力の向きは逆向きになる。

・磁界の向きを逆にすると，力の向きは逆向きになる。

・電流を大きくすると，受ける力は大きくなる。

 電磁誘導と誘導電流

【実験】図2のように，磁石のN極を下向きにしてコイルに近づけると，Aの向きに電流が流れた。磁石の動かし方や極を変えて，流れる電流の向きを調べた。

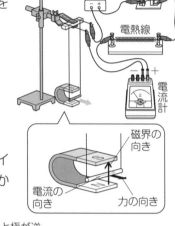

	動きが逆	極が逆	動きと極が逆
磁石の動かし方	N極を近づける	N極を遠ざける	S極を近づける	S極を遠ざける
電流の向き	A	B	B	A
	逆向き	逆向き	同じ向き

・電磁誘導…コイルに磁石を出し入れしたとき，コイルの中の磁界が変化して，コイルに電流が流れる現象。

・誘導電流…電磁誘導によって生じる電流。

「電流が磁界から受ける力」がモーター，「電磁誘導と誘導電流」が発電機のしくみになっているよ。

確認問題

 1 右の図のような装置で，電流をAからBの向きに流すと，導線はエの向きに動いた。

(1) 電流の向きをBからAの向きにすると，導線はア～エのどの向きに動きますか。

(2) 電流の向きはAからBのままで，磁石の極を入れかえると，導線はア～エのどの向きに動きますか。

1 右の図のような装置をつくり，コイルに電
流を流すとコイルが矢印の向きに動いた。
これについて，次の問いに答えましょう。

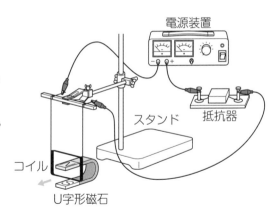

(1) 電流の向きを変えると，コイルの動き
はどうなるか。次から１つ選びなさい。

　ア　同じ向きに動く。

　イ　逆向きに動く。

　ウ　動かない。

[　　　]

↗ ステップアップ

(2) 電流の向きを変え，さらにU字形磁石の極を入れかえると，コイルの動きはどうなるか。
正しいものを次から１つ選びなさい。　　　　　　　　　　　　　　　　　　　[　　　]

　ア　同じ向きに動く。　　　イ　逆向きに動く。　　　ウ　動かない。

2 右の図のような回路をつくり，棒磁石の
N極をコイルに近づけた。このとき，検
流計の針が左にふれ，矢印の向きの電流
が流れたことがわかった。これについて，
次の問いに答えましょう。

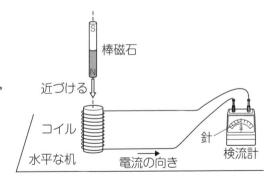

(1) コイルに棒磁石を近づけると，コイル
の中の磁界が変化し，コイルに電流が
流れる。この電流を何といいますか。

[　　　]

(2) 棒磁石のS極をコイルに近づけると，検流計の針は，左，右のどちらにふれますか。

[　　　]

(3) 棒磁石のN極をコイルの中に入れ，静止させた状態にしておくと，検流計の針のふれ
はどのようになるか。正しいものを１つ選びなさい。

[　　　]

　ア　左にふれる。

　イ　右にふれる。

　ウ　どちらにもふれない。

磁石を動かすと，
磁界が変化するよ。

初版
第 1 刷 2021 年 7 月 1 日 発行

●編 者
　数研出版編集部
●カバー・表紙デザイン
　株式会社クラップス

発行者　星野 泰也

ISBN978-4-410-15538-3

新課程 とにかく基礎 中2理科

発行所　数研出版株式会社

〒101-0052 東京都千代田区神田小川町 2 丁目 3 番地 3
　　　　　〔振替〕00140-4-118431
〒604-0861 京都市中京区烏丸通竹屋町上る大倉町205番地
〔電話〕代表 (075)231-0161
ホームページ https://www.chart.co.jp
印刷　創栄図書印刷株式会社
乱丁本・落丁本はお取り替えいたします　210601

第1章 化学変化と原子・分子

1 物質を加熱したときの変化

確認問題 ──────── 4ページ

1 ① 水 ② 二酸化炭素
　③ 酸素 　　　①②順不同
2 ① 二酸化炭素
　② フェノールフタレイン
　③ 塩化コバルト紙 ④ 酸素

練習問題 ──────── 5ページ

1 (1) 水 (2) 塩化コバルト紙
　(3) 白くにごる。 (4) **エ**
2 (1) 酸素 (2) **イ**
　(3) 薬さじでこすって, 光沢が出ること
　　を確認する。

練習問題の解説

1 (1) 炭酸水素ナトリウムを分解すると, 二酸化炭素が発生し, 加熱した試験管には炭酸ナトリウムが残り, 炭酸水素ナトリウムを入れて加熱した試験管の口には水滴がつく。

　(2) 塩化コバルト紙は水の検出に使用される試験紙である。水にふれると青色から赤(桃)色に変化する。

　(3) 石灰水は, 二酸化炭素の検出に用いられ, 二酸化炭素を通すと白くにごる。

　(4) 炭酸水素ナトリウムを分解してできた炭酸ナトリウムは, 水によくとけ, 水溶液は強いアルカリ性を示す。

2 (1) 酸化銀は熱分解すると, 酸素と銀になる。

　(2) 酸素は, 無色透明でにおいがなく, 水にとけにくい。また, ものを燃やすはたらきがあるので, 火のついた線香を, 酸素を集めた試験管に入れると, 線香が激しく燃える。

　(3) 銀は金属なので, 薬さじでこすると光沢が出る。

2 水溶液に電流を流したときの変化

確認問題 ──────── 6ページ

1 ① 酸素 ② 銅
2 ① 酸素 ② 水素
　③ 水酸化ナトリウム

練習問題 ──────── 7ページ

1 (1) 塩素 (2) **ウ**
　(3) **ア** (4) 銅
2 (1) 酸素 (2) **エ**
　(3) 電流を流れやすくするため。

練習問題の解説

1 (2) 塩素は空気よりも重く黄緑色の気体である。特有の刺激臭があり, 有毒である。また, 水にとけやすい。

　(3)(4) 塩化銅を電気分解すると, 陰極には赤色の銅が付着する。

2 (1) 水を電気分解すると, 陽極から酸素が, 陰極から水素が, 体積比が1:2の割合で発生する。

　(2) 水素は気体の中で最も密度が小さい。ほかの物質を燃やすはたらきはないが, 空気中で音をたてて水素自体が燃え, 水ができる。

3 原子

確認問題 ──────── 8ページ

1 ① 原子 ② ない ③ 質量
　④ 大きさ ③④順不同
　⑤ なくなった ⑥ 種類が変わった
　⑦ 新しくできた ⑤〜⑦順不同
　⑧ 水素原子

練習問題 ──────── 9ページ

1 (1) 原子 (2) **エ**
2 (1) ドルトン (2) **オ**
　(3) X 分割 Y 変化 Z 質量
　(4) 約120 (5) **エ**

1

1 (1)(2) 物質をつくっている最小の粒子を原子といい，それ以上分割したり，新しくできたり，種類が変わったり，なくなったりしない。また，種類によって質量や大きさが決まっている。

2 (1) 19世紀のはじめにイギリスの化学者ドルトンが，物質はそれ以上分解できない小さい粒子からできているという，原子説を提唱した。

(2) アンモニアは原子がいくつか集まることでできる物質である。

(4) 原子の種類は約120種類あることがわかっている。

(4) 原子の大きさはとても小さく，銀原子と野球ボールの大きさの比と，野球ボールと地球の大きさの比がほぼ同じである。

４ 分子

確認問題 ──────── 10ページ

1 ① 分子 ② 単体
③ 化合物

2 ① 酸素 ② 炭素 ③ 水素
④ 酸素

3 単体 ア，エ 化合物 イ，ウ

練習問題 ──────── 11ページ

1 (1) 分子 (2) イ
(3) ウ
(4) 分子をつくらず，ナトリウム原子と塩素原子の個数の比が1:1になっている。

2 (1) X 単体 Y 化合物
(2) ア，オ，ク

練習問題の解説

1 (2) 水素分子は，2個の水素原子が結びついてできている。

(3) 水分子は，2個の水素原子と1個の酸素原子が結びついてできている。

(4) 固体の塩化ナトリウムは分子をつくらないが，ナトリウム原子と塩素原子の個数が1:1になっている。

2 (2) 水素や鉄，マグネシウムは単体で，二酸化炭素やアンモニア，水，酸化銅は化合物，空気は混合物である。

５ 元素記号

確認問題 ──────── 12ページ

1 ① H ② Na ③ 炭素
④ マグネシウム ⑤ N
⑥ Fe ⑦ 酸素 ⑧ 銅

2 ① 原子番号 ② 周期表

練習問題 ──────── 13ページ

1 (1) H (2) C
(3) 窒素 (4) 原子番号
(5) Mg (6) ウ (7) N

練習問題の解説

1 (4) 約120種類ある元素にはそれぞれ番号がつけられており，それを原子番号という。この原子番号の順に元素を並べてつくられた表が周期表である。

(5) 元素記号がアルファベット2文字であるとき，1文字目が大文字で，2文字目は小文字で表す。

(7) 空気（乾燥空気）には質量比で，窒素75.5%，酸素23.1%，アルゴン1.3%，そのほか0.1%がふくまれる。

6 化学式

確認問題 ──────────── 14 ページ

1 ① H_2 ② O_2 ③ 水(分子)
④ 二酸化炭素(分子) ⑤ NH_3
⑥ N_2 ⑦ 鉄 ⑧ 銀

練習問題 ──────────── 15 ページ

1 (1) CO_2 (2) 水
(3) イ (4) エ
(5) ウ, エ, キ
(6) ア Fe イ $CuCl_2$ ウ O_2
エ NaOH
単体であるもの ア, ウ

練習問題の解説

1 (3) アンモニアの化学式は NH_3 であるので, 窒素原子1個と水素原子3個が結びついてできた分子であることがわかる。
(4) 塩化ナトリウムは分子をつくらないが, ナトリウム原子と塩素原子の個数が1:1となっているため, 化学式では NaCl と表す。
(5) 2種類以上の元素からなる物質を化合物というので, 化学式に2個以上の元素記号があるものが答えとなる。
(6) FeやO_2のように1種類の元素からできているものを単体, $CuCl_2$ のように2種類以上の元素からできているものを化合物という。

7 化学反応式

確認問題 ──────────── 16 ページ

1 ① 化学反応式 ② 個数
2 ① 2 ② O_2 ③ Cu

練習問題 ──────────── 17 ページ

1 (1) 化学反応式 (2) 酸素
(3) Ag_2O (4) Ag, O_2
(5) $2Ag_2O \rightarrow 4Ag + O_2$
2 (1) $2NaHCO_3 \rightarrow Na_2CO_3 + CO_2 + H_2O$
(2) $CuCl_2 \rightarrow Cu + Cl_2$
3 (1) 2, ×, 2
(2) ×, 3, 2

練習問題の解説

1 (3) 化学反応式の左側には反応前の物質を書くので, 酸化銀の化学式を書く。
(4) 化学式の右側には反応後の物質を書くので, 銀と酸素の化学式を書く。
3 (1) 化学反応式の両辺において, 原子の種類と個数は等しいので, 酸素原子の数をそろえるために右辺の MgO の前に2が入る。それによって, 右辺のマグネシウム原子の数が2個になるので, 左辺の Mg の前に2を入れる。
(2) まず水素原子の個数に着目して考える。2と3の最小公倍数である6でそろえると左辺 H_2 の前には3が, 右辺 NH_3 の前には2が入る。それによって, 右辺の窒素原子の個数が2個になるが, 左辺にはすでに窒素原子が2個あるので N_2 の前は×となる。

8 物質どうしが結びつく変化

確認問題 ──────────── 18 ページ

1 化合物
2 ① 2 ② O_2
③ S ④ FeS
3 (1) 磁石にはつかない。
(2) 硫化水素が発生する。

練習問題 ──────────── 19 ページ

1 (1) イ (2) ウ
(3) 化合物 (4) 硫化鉄
2 (1) $2H_2 + O_2 \rightarrow 2H_2O$
(2) $Fe + S \rightarrow FeS$

練習問題の解説

1 (1)(4) 鉄と硫黄の混合物を加熱すると, 鉄と硫黄が結びつき, 硫化鉄という新しい物質ができる。加熱前の鉄は磁石につくが, 加熱後の硫化鉄は磁石につかない。
(2) 加熱前の混合物にうすい塩酸を加えると水素が発生し, 硫化鉄にうすい塩酸を加えると, においのある硫化水素が発生する。
(3) 2種類以上の物質が結びつくことによってできる物質を化合物という。

9　酸化と還元

確認問題 ──────── 20 ページ

1　① 酸化　　② 燃焼
　　③ 還元

2　① 黒　　② 赤
　　③ 白くにごる

練習問題 ──────── 21 ページ

1　(1) 酸素　　(2) 燃焼
　　(3) MgO

2　(1) 二酸化炭素　　　　(2) 銅
　　(3) ① 還元　　　② 酸化
　　(4) $2CuO + C → 2Cu + CO_2$
　　(5) 石灰水が逆流して，加熱している試験管が割れるのを防ぐため。

練習問題の解説

1　(1) マグネシウムを加熱すると，熱や光を出しながら酸素と結びつく。
　　(2) 物質が酸素と結びつく化学変化を酸化といい，特に，熱や光を出しながら激しく酸化する化学変化を燃焼という。
　　(3) この実験では，マグネシウム＋酸素→酸化マグネシウムの反応が起こる。

2　(1) 炭素は酸素と結びつき，二酸化炭素になる。二酸化炭素は石灰水を白くにごらせる性質がある。
　　(2) この実験では，試験管に入れた黒色の酸化銅は，加熱後，赤色の銅に変化する。
　　(3) 酸化銅は酸素がうばわれるので還元されており，炭素は酸素と結びつき酸化している。
　　(4) この実験で見られる反応は，酸化銅が炭素に酸素をうばわれて銅になる反応である。

10　化学変化と熱の出入り

確認問題 ──────── 22 ページ

1　① 発熱反応　　② 吸熱反応
　　③ 放出　　　　④ 化学かいろ
　　⑤ 放出　　　　⑥ 水素
　　⑦ 吸収　　　　⑧ アンモニア

練習問題 ──────── 23 ページ

1　(1) エ
　　(2) 放出された。
　　(3) 発熱反応　　(4) イ

2　(1) アンモニア　　(2) 吸熱反応
　　(3) イ

練習問題の解説

1　(1) 鉄が空気中の酸素と結びつく酸化である。
　　(2) 鉄が酸素と結びつくとき，熱が放出される。
　　(3) 熱が放出される化学変化を発熱反応という。
　　(4) 鉄が酸化するときに発生する熱を利用したのが化学かいろである。この実験と同じように，鉄粉，水，食塩，活性炭が使われている。

2　(1) この実験では，次のような反応が見られる。
　　塩化アンモニウム＋水酸化バリウム＋熱→塩化バリウム＋アンモニア＋水
　　(3) 炭酸水素ナトリウムとクエン酸が反応するとき，この実験と同じようにまわりの熱をうばう。ア，ウ，エはいずれも熱を発生する発熱反応である。

11　化学変化と質量保存の法則

確認問題 ──────── 24 ページ

1　① 質量保存の法則　　② 二酸化炭素
2　① 硫酸バリウム　　　② 変わらない

練習問題 ──────── 25 ページ

1　(1) 二酸化炭素　(2) 78.5 (g)
　　(3) イ

2　(1) ウ　　　　(2) 変わらない。
　　(3) 質量保存（の法則）

練習問題の解説

1　(1) うすい塩酸と炭酸水素ナトリウムを反応させると，二酸化炭素が発生する。
　　(3) 容器のふたをゆるめると，発生した二酸化炭素が外へ出ていくので，全体の質量は小さくなる。

2　(1) うすい塩化バリウム水溶液とうすい硫酸を混ぜると硫酸バリウムの白い沈殿ができる。
　　(3) 物質がどのように化学変化しても，その前後で物質全体の質量は変化しない。これを質

量保存の法則という。

12　化学変化と質量の割合

確認問題　――――――――― 26 ページ

1　① 1.00　　② 4：1
　　③ 5.00　　④ 1.00
　　⑤ 3：2　　⑥ 一定

練習問題　――――――――― 27 ページ

1　(1)　$2Cu + O_2 → 2CuO$
　(2)　2.0（g）　　(3)　0.4（g）
　(4)　4：1
2　(1)　MgO　　　(2)　1.0（g）
　(3)　0.4（g）　　(4)　3：2
　(5)

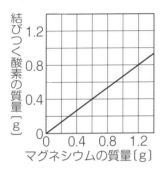

練習問題の解説

1　(1)　銅原子2個が酸素分子1個と結びついて酸化銅ができる。
　(2)　グラフの縦軸は酸化銅の質量を表している。銅が1.6gのときのグラフの縦軸の値を読む。
　(3)　銅1.6gが酸化して酸化銅2.0gができる。よって，銅1.6gと結びつく酸素の質量は，2.0−1.6=0.4（g）となる。
　(4)　1.6：0.4=4：1
2　(1)　酸化マグネシウムは，マグネシウム原子1個と酸素原子1個が結びついてできた化合物である。
　(2)　グラフの縦軸は酸化マグネシウムの質量を表している。マグネシウムが0.6gのときのグラフの縦軸の値を読む。
　(3)　マグネシウム0.6gを酸化させると，1.0gの酸化マグネシウムができる。よって，マグネシウム0.6gと結びつく酸素の質量は，1.0−0.6=0.4（g）

(4)　0.6：0.4=3：2
(5)　図2の縦軸は，結びつく酸素の質量であることに注意してグラフをかく。

1 生物と細胞

確認問題 ──────── 28 ページ

1　① 細胞壁　　　② 液胞
　　③ 葉緑体　　　④ 細胞膜
　　⑤ 核

練習問題 ──────── 29 ページ

1 (1) 核　　　　　　(2) 液胞
　(3) エ　　　　　　(4) A，E
2 (1) 単細胞生物　(2) ア，オ
　(3) ① イ　② ア　③ ウ

練習問題の解説

1 (1) ふつう核は，1つの細胞に1個ふくまれていて，植物の細胞と動物の細胞に共通して見られる。核は，細胞全体の活動を調節するはたらきがある。また，酢酸カーミン溶液や酢酸オルセイン溶液によく染まる。

　(2) 液胞は，よく成長した植物の細胞の細胞質に見られる。内部は液体で満たされていて，不要な物質の貯蔵や水分調節などをするはたらきがある。動物の細胞や若い植物の細胞では未発達である。

　(3) Cは葉緑体で，植物の緑色をした部分にふくまれる。水と二酸化炭素からデンプンなどの栄養分をつくる光合成が行われるところである。

　(4) Eは細胞膜で，細胞質の外側をおおう，うすい二重の膜である。植物細胞と動物細胞に共通して見られる。

2 (1) からだが1個の細胞でできている生物を単細胞生物，からだが多数の細胞でできている生物を多細胞生物という。

　(2) アメーバやゾウリムシのような，水中の小さな生物のなかまには，単細胞生物が多くふくまれる。タマネギやホウセンカ，ソラマメのように複雑なからだのつくりをもつ生物は多細胞生物である。

　(3) 多細胞生物では，形やはたらきが同じ細胞が集まって組織をつくり，組織が集まって器官になり，器官が集まって個体になる。

2 細胞が生きるために

確認問題 ──────── 30 ページ

1　① 酸素　　　　② エネルギー
　　③ 二酸化炭素　④ 水　　③④順不同
2　① 光(日光)　　② 光合成
3　① 葉緑体
　　② 二酸化炭素　③ 水　　②③順不同
　　④ 酸素　　　　⑤ デンプン　④⑤順不同

練習問題 ──────── 31 ページ

1 (1) 細胞呼吸　　(2) 酸素
　(3) エ　　　　　(4) 光合成
　(5) ほかの生き物を食べることで，栄養分を得ている。
2　① 二酸化炭素　② 水　　①②順不同
　　③ 細胞呼吸

練習問題の解説

1 (1) 一つ一つの細胞が，エネルギーをつくり出すはたらきを細胞呼吸という。

　(2) 細胞呼吸では，酸素と栄養分からエネルギーをつくり出す。

　(3) 細胞呼吸によってエネルギーがつくり出されるとき，水と二酸化炭素が不要なものとして細胞の外に排出される。

　(4) 植物は，日光を受けて光合成することで栄養分をつくり出すことができる。

　(5) 動物は，ほかの生き物を食べることで，栄養分を得ている。

2　細胞呼吸で使われる栄養分は有機物である。中学1年生で学習した通り，有機物を燃やすと，二酸化炭素と水ができる。

3 栄養分をとり入れるしくみ

確認問題 ──────── 32 ページ

1　① ブドウ糖　　② タンパク質
　　③ 脂肪　　　　④ モノグリセリド
　　⑤ アミラーゼ　⑥ ペプシン

練習問題 ──────── 33 ページ

1 (1) A 胃　　B すい臓　　C 小腸
　(2) ア　　　　　　　(3) ア
2 (1) 柔毛

(2) A 毛細血管　　　　B リンパ管
(3) 肝臓
(4) 表面積が大きくなるから。

練習問題の解説

1 (1) 食物は，口→食道→胃→小腸→大腸→肛門の順に消化管を通っていく。食物は通らないが，Bのすい臓は消化液をつくる消化器官である。

(2) Aは胃である。胃液にふくまれる消化酵素のペプシンによって，タンパク質はアミノ酸が数十個結合したペプトンという物質に分解される。

(3) 消化酵素によって，食物にふくまれる成分は，以下のように分解される。
・デンプン→ブドウ糖
・タンパク質→アミノ酸
・脂肪→脂肪酸，モノグリセリド

2 (1)(2) 小腸の内側の壁のひだに無数にある小さな突起を柔毛といい，消化された栄養分を吸収する。柔毛の中には毛細血管とリンパ管が通っている。

(3) デンプンが分解されてできたブドウ糖と，タンパク質が分解されてできたアミノ酸は，柔毛の中の毛細血管に入る。毛細血管に入ったあと，肝臓を通って全身に運ばれる。肝臓では，アミノ酸の一部は必要に応じてタンパク質に変えられたり，ブドウ糖の一部はグリコーゲンに変えられて一時的にたくわえられたりする。

(4) ひだや柔毛があることで，小腸の表面積が非常に大きくなり，栄養分の吸収を効率よく行うことができる。

4　酸素をとり入れるしくみ

確認問題 ──────── 34 ページ

1 ① 気管支　　② 肺胞
③ 毛細血管　④ 二酸化炭素
⑤ 酸素
2 ① 赤血球　　② 白血球
③ 血小板　　④ 血しょう

練習問題 ──────── 35 ページ

1 (1) 気管支　(2) 肺胞
(3) ① 酸素　　　　② 二酸化炭素
(4) (血管) B
(5) 空気にふれる表面積が大きくなり，効率よく気体の交換を行うことができる。
2 (1) 記号　C　　名称　血小板
(2) 記号　B　　名称　白血球
(3) 記号　D　　名称　血しょう
(4) 記号　A　　名称　赤血球

練習問題の解説

1 (1) のどから入ってきた空気を肺へと通す管を気管といい，気管が枝分かれしたものを気管支という。

(2) 気管支の先は細かく枝分かれして，先端が肺胞とつながっている。

(3) 肺胞は外からとり入れられた空気が入る袋である。肺胞のまわりには，毛細血管が網目状にはりめぐらされている。毛細血管と肺胞中の空気との間で，酸素と二酸化炭素を交換する。

(4) 肺胞で血液内に酸素がとり入れられ，二酸化炭素が放出されるので，血管B（肺静脈）のほうがたくさんの酸素をふくむ。

(5) ヒトの肺胞は，直径約 0.2mm の大きさの袋状になっている。多数の肺胞があることで，毛細血管が空気とふれる表面積が大きくなり，酸素と二酸化炭素の交換を効率よく行うことができる。

2 (1) 血小板は血液の固形の成分で，小さく，形は不規則である。出血時，血液を固めるはたらきがある。

(2) 白血球は血液の固形の成分で変形する。細菌などのからだの外から入ってきた異物を分解するはたらきがある。

(3) 血しょうは，血液の液体の成分で，うすい黄色をしており，透明である。不要物や栄養分などがとけている。

(4) 赤血球は血液の固形の成分で，中央がくぼんだ円盤のような形をしている。赤血球中に

はヘモグロビンという色素が入っており，ヘモグロビンは，酸素の多いところでは酸素とくっつき，酸素の少ないところでは酸素をはなす性質がある。

5 物質を運ぶしくみ

確認問題 ───────── 36 ページ

1 ① 肺循環　　　② 体循環
　③ 動脈　　　　④ 静脈
　⑤ 酸素　　　　⑥ 二酸化炭素

2 ① 右心房　②　右心室
　③ 左心房　④　左心室

練習問題 ───────── 37 ページ

1 (1) 体循環　　(2) イ
　(3) エ　　　　(4) e
　(5) g

2 肝臓　オ　　じん臓　エ

練習問題の解説

1 (1) 左心室→大動脈→全身の細胞→大静脈→右心房の順に全身をめぐる血液の流れを体循環という。

(2) 図の血管Xは心臓にもどる血液が流れるので静脈，血管Yは心臓から送り出された血液が流れるので動脈である。

(3) 血管aは，右心室から肺へ向かう血管で，二酸化炭素を多くふくむ静脈血が流れる。

(4) 小腸で栄養分の吸収が行われるので，小腸を通ったあとの血管eには，栄養分を多くふくむ血液が流れる。

(5) じん臓は，血液中から尿素などの不要な物質をこしとり，尿をつくる器官である。よって，じん臓を通り過ぎたあとの血液中には尿素などが少ない。

2 肝臓は，アンモニアを尿素に変えたり，小腸で吸収した栄養分を一時的にたくわえたりする。じん臓は，血液中から尿素などの不要な物質をこしとり，尿をつくる。

6 光と音を感じとるしくみ

確認問題 ───────── 38 ページ

1 ① レンズ（水晶体）
　② 虹彩　　　③ 網膜
　④ 神経

2 ① 鼓膜　　　② 耳小骨
　③ 神経　　　④ うずまき管

練習問題 ───────── 39 ページ

1 (1) 感覚器官
　(2) ① 記号　C　名称　網膜
　　　② 記号　A　名称　レンズ（水晶体）
　　　③ 記号　B　名称　虹彩
　(3) ア

2 (1) 音　　　(2) 鼓膜
　(3) うずまき管
　(4) B（→）A（→）D（→）C

練習問題の解説

1 (1) 光の刺激を受けとる目のように，外界からの刺激を受けとる器官を感覚器官という。

(2) ① 光を感じる細胞が集まっている膜が網膜である。ここで受けとった光の刺激は，神経を通して脳へ伝えられる。

② レンズ（水晶体）が厚みを変えることで，網膜上に像を結ばせる。

③ 虹彩でひとみの大きさを変え，目に入る光の量を調節する。

(3) 外からの光が入るひとみの大きさを変えて，目の中に入る光の量を調節する部分が虹彩である。明るいところでは広がってひとみを小さくし，暗いところでは縮んでひとみを大きくする。

2 (1) 耳では，空気の振動を鼓膜が受けとることで，音の刺激を受けとる。

(3)(4) 音の刺激は，鼓膜（B）→耳小骨（A）→うずまき管（D）→神経（C）と伝わっていく。

7 刺激と反応

確認問題 ———————— 40 ページ

1. ① せきずい ② 中枢
   ③ 末しょう ④ 感覚
   ⑤ 運動 ⑥ 反射
2. ① 感覚 ② せきずい
   ③ せきずい ④ 運動

練習問題 ———————— 41 ページ

1. (1) 中枢（神経） (2) せきずい
   (3) C 感覚神経 D 運動神経
   (4) イ
2. (1) 反射 (2) ウ, オ

練習問題の解説

1. (1) 脳やせきずいなど，反応の命令を出す神経を中枢神経という。
   (3) 感覚神経は，感覚器官からの刺激を脳やせきずいに伝える神経である。運動神経は，脳やせきずいからの命令を筋肉などに伝える神経である。
2. (1) ある刺激に対して，無意識に起こる反応を反射という。
   (2) 意識せずに起こるひとみの変化やだ液の分泌は，反射である。

8 運動のしくみ

確認問題 ———————— 42 ページ

1. ① 筋肉 ② けん ③ 関節
2. ① 関節 ② 内骨格

練習問題 ———————— 43 ページ

1. (1) 関節 (2) けん
   (3) イ (4) ウ (5) 内骨格
   (6) 外骨格

練習問題の解説

1. (1) 骨と骨の間の部分を関節という。
   (2) 筋肉の両端にあるけんが，関節をへだてた2つの骨についている。これによって，筋肉が伸び縮みすると，骨が動く。
   (4) 図のうでが曲がるとき，ひじから手の部分が上に上がるので，Aの筋肉が収縮し，Bの筋肉はゆるむ。

---

(5) ヒトの骨格のように，体の内側にある骨格のことを内骨格という。
(6) 昆虫やカニなどの節足動物は，外骨格をもつ。外骨格は，からだを支えたり保護したりするのに役立つ。

第3章 地球の大気と天気の変化

1 霧のでき方・雲のでき方

確認問題 ———————— 44 ページ

1. ① 水滴 ② 雲
2. ① 低く ② 低く
   ③ 水滴 ④ 氷 ③④順不同

練習問題 ———————— 45 ページ

1. (1) 水滴 (2) ウ
   (3) 上昇気流
2. (1) 降水
   (2) あたためられた空気が上昇し，膨張して気圧が下がり，温度が低くなったから。

練習問題の解説

1. (1) ピストンを引くと，丸底フラスコの中の気圧が低くなり，温度が下がる。その結果，フラスコ内の水蒸気が冷やされて水滴となり，フラスコの中が白くくもる。
   (2) (1)の後，ピストンを押すと，丸底フラスコの中の気圧は高くなり，温度が上がる。すると，(1)でできた水滴があたためられて水蒸気になり，くもりが消える。
   (3) ピストンを引くと気圧が下がるが，これは，地表付近の空気が上昇し，上昇気流となるときと同じである。
2. (2) 地表付近が強くあたためられると，そこにある空気もあたためられ，上昇する。この上昇した空気は気圧が下がり，膨張して温度が下がる。その結果，雲が発生する。夏の昼間が晴れていて暑い日は，これにより積乱雲が発生し，大雨が降ることがある。

2 空気中の水蒸気

確認問題 ──────────── 46 ページ

1 ① 飽和水蒸気量　② 凝結
　 ③ 露点
2 (1) 4.5 (g)　　　(2) 15 (℃)
　 (3) 3.4 (g)

練習問題 ──────────── 47 ページ

1 (1) 1.5 (g)　　　(2) 14 (℃)
　 (3) 3.8 (g)
2 (1) 25 (g)　　　(2) ウ
　 (3) ウ　　　　　(4) ウ

練習問題の解説

1 (1) 16℃の空気の飽和水蒸気量は 13.6g/m³ だ
　　 から，まだふくむことのできる水蒸気量は，
　　 13.6−12.1=1.5〔g〕
　 (2) 14℃の空気の飽和水蒸気量が 12.1g/m³ だ
　　 から，気温が 14℃より低くなると，水滴が
　　 でき始める。
　 (3) 8℃の空気の飽和水蒸気量が 8.3g/m³ だか
　　 ら，12.1−8.3=3.8〔g〕の水滴ができる。
2 (2) 空気中の水蒸気が凝結して，水滴になり始
　　 めるときの温度が露点である。Bの空気にふ
　　 くまれる水蒸気量は，20℃のときの飽和水蒸
　　 気量とほぼ等しいので，露点はおよそ 20℃
　　 である。
　 (3) グラフより，Dの空気 1m³ 中にふくまれて
　　 いる水蒸気量は約 7g だから，20−7=13〔g〕
　 (4) 空気 1m³ 中にふくまれている水蒸気量が等
　　 しい空気は，露点が同じである。

3 地球をめぐる水，風がふくしくみ

確認問題 ──────────── 48 ページ

1 ① 高気圧　　　② 低気圧
　 ③ 時計　　　④ 下降
　 ⑤ 反時計　　⑥ 上昇
　 ⑦ くもり　　⑧ 雨　　⑦⑧順不同

練習問題 ──────────── 49 ページ

1 (1) A 高気圧　B 低気圧
　 (2) ウ　　　　　(3) イ
2 (1) B

(2) A イ　　　B ア

練習問題の解説

1 (1) まわりより気圧が高いところを高気圧，ま
　　 わりより気圧が低いところを低気圧という。
　 (2) 高気圧では，風は時計まわりに中心からふ
　　 き出し，低気圧では，風は反時計まわりに中
　　 心に向かってふきこむ。
　 (3) 低気圧では，上昇気流が生じて雲ができや
　　 すく，高気圧では，下降気流が生じて晴れや
　　 すい。
2 (1) まわりよりも気圧が高くなっている B が高
　　 気圧である。
　 (2) Aは低気圧，Bは高気圧である。低気圧で
　　 は上昇気流が生じ，風は反時計まわりに中心
　　 に向かってふきこむ。高気圧では，下降気流
　　 が生じ，風は時計まわりに中心からふき出す。

4 大気のようす

確認問題 ──────────── 50 ページ

1 ① 気団　　　② 前線面
2 (1) 寒冷前線　(2) 温暖前線
　 (3) 停滞前線

練習問題 ──────────── 51 ページ

1 (1) ① 気団　　　② 前線面
　　 ③ 前線
　 (2) 寒冷前線　(3) ▼▼▼
　 (4) ア　　　　(5) B
　 (6) ●●●　　(7) 停滞前線
　 (8) 閉そく前線

練習問題の解説

1 (2)(4) 寒冷前線は，寒気が暖気の下にもぐりこ
　　 み，暖気をおし上げながら進む。
　 (5) 温暖前線は，暖気が寒気の上にはい上がり，
　　 寒気をおしながら進む。
　 (7) 寒気と暖気の勢力がほぼ同じで，ほとんど
　　 動かない前線を停滞前線という。
　 (8) 閉そく前線は，寒冷前線が温暖前線に追い
　　 ついてできる。

5　大気の動きによる天気の変化

確認問題 —————————— 52 ページ

1　① 寒（気）　　② 暖（気）
　　③ 寒冷（前線）④ 温暖（前線）

2　① 広い　　　　② 弱い
　　③ 長　　　　　④ せまい
　　⑤ 強い　　　　⑥ 短

練習問題 —————————— 53 ページ

1　(1) 寒冷前線　　(2) ア
　　(3) ア

2　(1) イ
　　(2) 気温が急に下がり，風向が南よりか
　　　ら北よりに変わっているから。

練習問題の解説

1　(1) 図のような低気圧は温帯低気圧とよばれる。
　　温帯低気圧は，東側には温暖前線を，西側に
　　は寒冷前線をともなうことが多い。
　(2) 温暖前線の通過後は，気温が上がり，風向
　　は東よりから南よりに変わる。
　(3) 前線の北側には寒気が，南側には暖気があ
　　る。

2　　寒冷前線の通過後は，寒気におおわれるため
　気温が急に下がる。また，風向は南よりから
　北よりに変わる。

6　陸と海の間の大気の動き

確認問題 —————————— 54 ページ

1　① 偏西風　　　② 東
　　③ 季節風　　　④ 北西
　　⑤ 南東　　　　⑥ 海風
　　⑦ 陸風

2　(1) 陸上　　(2) 陸上

練習問題 —————————— 55 ページ

1　(1) エ　　　　(2) エ
　　(3) ア　　　　(4) ア

練習問題の解説

1　(1) 日本の上空では，偏西風とよばれる西風が
　　１年中ふいている。そのため，日本付近の低
　　気圧や移動性高気圧は，西から東へ移動する
　　ことが多く，日本の天気も西から東へ変わっ

ていくことが多い。
　(2) 偏西風は，中緯度（北緯30°〜60°や南緯
　　30°〜60°）でふく西よりの風である。
　(3) 日本では，夏は南東の，冬は北西の季節風
　　がふく。
　(4) 昼は海上よりも陸上の気温が高くなる。陸
　　上の気温が上がると，上昇気流ができ，陸上
　　の気圧が下がって，海から陸に向かって海風
　　がふく。夜になり，陸上よりも海上の気温が
　　高くなると，海上の気圧が下がって，陸から
　　海に向かって陸風がふく。

7　日本の天気

確認問題 —————————— 56 ページ

1　① シベリア（気団）
　　② オホーツク海（気団）
　　③ 小笠原（気団）

2　(1) 西高東低　　(2) 南高北低

練習問題 —————————— 57 ページ

1　(1) オホーツク海気団　　(2) イ

2　ウ

3　(1) 夏　C　冬　A
　　(2) B

練習問題の解説

1　　日本列島の北東には，冷たく湿ったオホーツ
　ク海気団がある。また，南東にはあたたかく湿っ
　た小笠原気団がある。これらの気団の勢力がつ
　り合い，できた前線が停滞前線となる。

2　　日本付近では，夏には小笠原気団が発達して，
　あたたかく湿った南東の季節風がふく。冬には，
　シベリア気団が発達し，冷たい北西の季節風が
　ふく。

3　(1) 夏は，小笠原気団の勢力が強くなり，日本
　　列島付近では，南側は高気圧におおわれた南
　　高北低の気圧配置となる。また，冬はシベリ
　　ア気団の勢力が強くなり，西高東低の気圧配
　　置となる。
　(2) あたたかく湿った小笠原気団と，冷たく
　　湿ったオホーツク海気団の勢力がつり合うと，
　　日本列島付近には停滞前線ができ，長雨をも
　　たらす。

1　回路と電流

確認問題 ───── 58 ページ

1

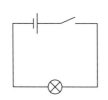

2　① 電源（電池）　② 電球
　③ 抵抗　　　　　④ スイッチ
　⑤ 電流計　　　　⑥ 電圧計

練習問題 ───── 59 ページ

1 (1)　　　　　　　　(2)

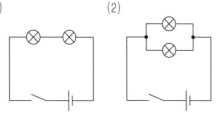

2 (1) 直列（回路）　(2) 並列（回路）
　(3) Ｙ　　　　　　(4) 電流計

練習問題の解説

1 (1) 豆電球は直列つなぎになっているので，直
　　列回路の回路図をかく。
　(2) 豆電球は並列つなぎになっているので，並
　　列回路の回路図をかく。

2 (1)(2) 枝分かれしていなくて，電流の流れる道
　　すじが１本だけの回路を直列回路，枝分かれ
　　していて，電流の流れる道すじが２本以上あ
　　る回路を並列回路という。
　(3) 電源を表す電気用図記号では，長いほうが
　　＋極，短いほうが－極を表している。
　(4) Ⓐは電流計を，Ⓥは電圧計を表す。

2　回路を流れる電流

確認問題 ───── 60 ページ

1　① ＝　　② ＝　　③ ＝
　④ ＋　　⑤ ＝
2 (1) 35.0 (mA)　　(2) 160 (mA)
　(3) 4.40 (A)

練習問題 ───── 61 ページ

1 (1) 3.8 (A)　　　(2) 1.6 (A)
　(3) 4.0 (A)　　　(4) 4.8 (A)
2 (1) 50 (mA)　　(2) 5A（の端子）

練習問題の解説

1 (1) 直列回路を流れる電流はどこも同じ大きさ
　　だから，点Ｐを流れる電流は 3.8A となる。
　(2) (1)と同じように考えて，点Ｐを流れる電流
　　は 1.6A となる。
　(3) 並列回路では，枝分かれする前の電流の大
　　きさは，枝分かれしたあとの電流の大きさの
　　和に等しいので，点Ｐを流れる電流は，
　　6.0－2.0＝4.0〔A〕となる。
　(4) (3)と同じように考えて，点Ｐを流れる電流
　　は，3.6＋1.2＝4.8〔A〕となる。

2 (1) 500mA の－端子につながれているので，
　　目盛りの下側の数値で読みとり，10 倍すれ
　　ばよい。
　(2) 回路の電流の大きさがわからないときは，
　　いちばん大きい電流がはかれる 5A の－端子
　　を使う。

3　回路に加わる電圧

確認問題 ───── 62 ページ

1　① ＝　　② ＋
　③ ＝　　④ ＝
2 (1) 40 (V)　　　　　(2) 11.50 (V)
　(3) 0.80 (V)

練習問題 ───── 63 ページ

1 (1) 4.5 (V)　　(2) 3.5 (V)
　(3) 8.5 (V)　　(4) 1.5 (V)
2 (1) A

B

(2) **ウ**

練習問題の解説

1 (1) 直列回路では，各抵抗に加わる電圧の大きさの和が電源の電圧と等しいので，Pに加わる電圧は，8.0−3.5＝4.5〔V〕となる。

(2) (1)と同じように考えて，Pに加わる電圧は，1.0+2.5＝3.5〔V〕となる。

(3) 並列回路では，各抵抗に加わる電圧の大きさは電源の電圧と等しいので，Pに加わる電圧は8.5Vとなる。

(4) (3)と同じように考えて，Pに加わる電圧は1.5Vとなる。

2 (1) Aの電流計は500mAの−端子に，Bの電圧計は3Vの−端子につながれている。Aは目盛りの下側の数値を読みとり10倍し，Bは目盛りの下側の数値をそのまま読みとる。

(2) 電流計は回路に直列に，電圧計は並列につなぐ。

4 電圧と電流の関係

確認問題 ──────── 64 ページ

1 ① 比例 ② オーム
③ 抵抗 ④ Ω

2 (1) 4（Ω） (2) 0.5（A）
(3) 30（V） (4) 20（Ω）

練習問題 ──────── 65 ページ

1 (1) 2（Ω） (2) 3（Ω）
(3) 30（Ω） (4) 15（Ω）
2 (1) 3（A） (2) 2（A）
(3) 0.6（A） (4) 0.2（A）
3 (1) 18（V） (2) 15（V）
(3) 2（V） (4) 7.2（V）

練習問題の解説

1 (1) $\dfrac{4〔V〕}{2〔A〕}$＝2〔Ω〕

(2) $\dfrac{6〔V〕}{2〔A〕}$＝3〔Ω〕

(3) 300mA＝0.3 A $\dfrac{9〔V〕}{0.3〔A〕}$＝30〔Ω〕

(4) 800mA＝0.8 A $\dfrac{12〔V〕}{0.8〔A〕}$＝15〔Ω〕

2 (1) $\dfrac{12〔V〕}{4〔Ω〕}$＝3〔A〕

(2) $\dfrac{10〔V〕}{5〔Ω〕}$＝2〔A〕

(3) $\dfrac{6〔V〕}{10〔Ω〕}$＝0.6〔A〕

(4) $\dfrac{4〔V〕}{20〔Ω〕}$＝0.2〔A〕

3 (1) 6〔Ω〕×3〔A〕＝18〔V〕

(2) 3〔Ω〕×5〔A〕＝15〔V〕

(3) 10〔Ω〕×0.2〔A〕＝2〔V〕

(4) 12〔Ω〕×0.6〔A〕＝7.2〔V〕

5 電力と熱量

確認問題 ──────── 66 ページ

1 (1) 8（W） (2) 3（W）
2 (1) 180（J） (2) 81（J）

練習問題 ──────── 67 ページ

1 (1) 1.5（A） (2) 4（Ω）
(3) 540（J）
2 (1) 3（A） (2) 18（W）
(3) 3240（J） (4) 4.8（℃）

練習問題の解説

1 (1) $\dfrac{9〔W〕}{6〔V〕}$＝1.5〔A〕

(2) $\dfrac{6〔V〕}{1.5〔A〕}$＝4〔Ω〕

(3) 9〔W〕×60〔s〕＝540〔J〕

2 (1) $\dfrac{6〔V〕}{2〔Ω〕}$＝3〔A〕

(2) 6〔V〕×3〔A〕＝18〔W〕

(3) 18〔W〕×180〔s〕＝3240〔J〕

(4) 水の上昇温度は時間に比例している。3分間電流を流したときの，水の上昇温度は，23.4−21.0＝2.4〔℃〕だから，6分間電流を流したときの水の上昇温度は，2.4×$\dfrac{6}{3}$＝4.8〔℃〕

6 静電気と放電

1 ① 静電気　　② －の電気
　 ③ 放電

2 イ

1 (1) イ　　(2) イ
　 (3) 毛皮　＋　綿の布　－

練習問題の解説

1 (1) ストローA，Bを同じ種類の物質(ティッシュペーパー)でこすったので，ストローA，Bは，同じ種類の電気を帯びている。同じ種類の電気はしりぞけ合う。

　 (2) ポリ塩化ビニルの棒を近づけると，ストローAは離れたことから，ポリ塩化ビニルの棒とストローAは同じ種類の電気を帯びているとわかる。また，ガラス棒を近づけると，ストローAとガラス棒が引き合ったことから，ストローAとガラス棒はちがう種類の電気を帯びていることがわかる。

　 (3) ストローBが－の電気を帯びているとき，ポリ塩化ビニルの棒は－の電気を，ガラス棒は＋の電気を帯びていることになる。したがって，ポリ塩化ビニルの棒をこすった毛皮は＋の電気を，ガラス棒をこすった綿の布は－の電気を帯びていることになる。

7 静電気と電流の関係

1 ① 真空放電　　② －の電気
　 ③ 蛍光板　　　④ －(マイナス)
　 ⑤ －(マイナス)

2 (1) 陰極線(電子線)
　 (2) －(極から) ＋(極)

1 (1) エ　　　　(2) イ
　 (3) ウ
　 (4) 電子は－の電気を帯びているので，＋極側に引きつけられるから。

練習問題の解説

1 (1) 電子は，－の電気を帯びた質量をもつ小さな粒子である。電極に電圧を加えると，電子は－極から出て直進し，＋極へ移動する。

　 (2) 電流の向きは，＋極から出て－極へ入る向きである。

　 (3)(4) 電子は－の電気を帯びているので，電極X，Yに電圧を加えると，電極Aから出た電子は，＋極側に引きつけられる。陰極線(明るいすじ)が電極X側に曲がったことから，電極Xは＋極であることがわかる。

8 電流の正体・放射線

1 ① 電子　② －　　③＋
2 ① X線　　② 透過（とうか）　③ 放射性物質
　 ④ 放射能

1 (1) 電子　　(2) －(の電気)
　 (3) A　　　(4) ウ
2 (1) X線　　(2) 放射性物質
　 (3) 体の細胞が傷ついてしまう。

練習問題の解説

1 (1)(2) 金属でできた導線には，＋の電気を帯びたものと－の電気を帯びたものがあり，このうち－の電気を帯びた動きまわっているものを電子という。

　 (3) 電流の正体は電子の流れであり，電流が＋

極から−極に流れるのに対し，電子はその反対で−極から＋極に流れる。

2 (1) ドイツのレントゲンが真空放電（しんくうほうでん）の実験をしていたときに発見されたのが，最初の放射線であるX線である。

(2) ウラン，ポロニウム，ラジウムといった放射線を出す物質を放射性物質という。

(3) 放射線を体にあびることを「被曝する（ひばく）」という。放射線の被爆する量がある量より多くなると，体の細胞が傷ついてしまう。

9 磁石の性質とはたらき

確認問題 ──────── 74 ページ

1 ① S極　　② 反発しあう
　③ 引き合う
2 ① 磁界　　② N
　③ 磁界　　④ 磁力線
　⑤ N　　　⑥ S

練習問題 ──────── 75 ページ

1 (1) 磁力　(2) 強くなる
　(3) A　　(4) ウ
　(5) ウ

練習問題の解説

1 (1) 磁石による力のことを磁力といい，磁石のまわりの鉄粉は磁力を受けて動く。

(2) 磁力線の間隔（かんかく）がせまいほど，磁界が強い。

(3) 磁力線の向きは，磁界の向きと同じで，磁石のN極からS極へと向かう向きである。

(4) 磁界の向きは，そこに方位磁針をおいたときにN極がさす向きである。

(5) 同じ極どうしは反発しあい，磁力線はN極から出ていく方向であるから，ウのようになる。

10 電流がつくる磁界

確認問題 ──────── 76 ページ

1 (1) a　　　(2) b

練習問題 ──────── 77 ページ

1 ① エ　　　② ア
　③ ウ　　　④ イ
　⑤ ア　　　⑥ イ
　⑦ ア
2 (1) 磁力線　(2) a
　(3) イ

練習問題の解説

1 導線を流れる電流のまわりにできる磁界の向きは，電流の向きをねじが進む向きとしたときの，ねじを回す向きになる。これを右ねじの法則という。また，コイルに電流を流すと，右手の親指以外の4本を，コイルに流した電流の向きに合わせてコイルをにぎったときの，親指のさす向きがコイルの中の磁界の向きとなる。磁界の中に方位磁針を置くと，N極は磁界の向きをさす。

2 (1) 磁界の向きを，磁石のN極からS極までつないでできる線を磁力線という。磁力線は，N極からS極に向かって矢印をかく。

(3) 磁力線どうしの間隔がせまく，磁力線が混んでいるところほど，磁界は強い。

11 モーターと発電機のしくみ

確認問題 ──────── 78 ページ

1 (1) イ　　　(2) イ

練習問題 ──────── 79 ページ

1 (1) イ　　　(2) ア
2 (1) 誘導電流　(2) 右　　(3) ウ

練習問題の解説

1 (1) 流れる電流の向きだけを変えると，導線を流れる電流が磁界から受ける力の向きは逆向きになる。

(2) 電流の向きを変えると，導線を流れる電流が磁界から受ける力の向きは逆向きになる。同時に磁界の向きも変えると，導線を流れる電流が磁界から受ける力の向きはさらに逆向きになるので，コイルは，どちらも変える前

の向きと同じ向きに動く。

2 ⑴ コイルに磁石を出し入れしたとき，コイルの中の磁界が変化して，コイルに電流が流れる現象を電磁誘導といい，このとき生じる電流を誘導電流という。

⑵ 磁石の動かし方は変えずに，近づける磁石の極を逆にすると，誘導電流の向きは逆向きになるので，検流計の針は反対にふれる。

⑶ 磁石が動いていないと，磁界は変化しないので，コイルに電流は流れない。

15538　答